MW01704977

Compostage

SMITH & Hawken

Collection Nos Jardins

Compostage

par LIZ BALL

avec des illustrations

de JIM ANDERSON

MODUS VIVENDI

Copyright © 1997 Smith & Hawken
Titre original: *Composting*
Publié initialement aux États-Unis chez:
Workman Publishing Company Inc.

Version française publiée chez:
Les Publications Modus Vivendi Inc.
C.P. 213, Dépôt Sainte-Dorothée
Laval (Québec) Canada
H7X 2T4

Dépôt légal: 1er trimestre 1999
Bibliothèque nationale du Québec
Bibliothèque nationale du Canada
Bibliothèque nationale de Paris

Traduit de l'anglais par Michelle Bachand

ISBN 2-921556-66-9

Tous droits réservés. Aucune section de cet ouvrage ne peut être reproduite, mémorisée dans un système central ou transmise de quelque manière que ce soit ou par quelque procédé, électronique, mécanique, photocopie, enregistrement ou autre, sans la permission écrite de l'éditeur.

Remerciements

À Rick, tout particulièrement, pour son appui,
ses conseils et sa patience. À Sarah, pour sa compréhension
durant la rédaction de ce volume, alors que je ne pouvais être
à ses côtés autant que je j'aurais voulu.

Depuis quinze ans, je me suis de plus en plus consacré au jardinage et à la rédaction sur le sujet. En même temps, je devenais conscient de la facilité avec laquelle on peut prendre la terre pour acquise ou, pire encore, la maltraiter par manque d'attention. Il m'importait d'écrire sur la façon d'établir et de maintenir un sol riche et fertile dans sa propre cour, en faisant du compost. Des remerciements spéciaux vont à Jeff Ball qui m'a guidé dans cette voie et dans plusieurs autres; à John Meils de Workman Publishing et Bonnie Dahan chez Smith & Hawken qui m'ont aidé. Je dois aussi beaucoup à mes nombreux amis adeptes du compostage et à mes collègues rédacteurs spécialisés en jardinage, surtout Cyane Gresham et le Rodale Institute, qui m'ont enseigné les techniques, les bienfaits et même les joies du compostage.

TABLE DES MATIÈRES

Introduction *Au* Compostage

La santé d'un jardin se mesure à celle du sol qui le compose. Indépendamment de sa beauté ou de son utilité, le succès d'une plante, dans un jardin, dépendra finalement de la capacité nourricière du sol. Les jardiniers expérimentés ont appris que le travail le plus important a lieu avant même la plantation: s'assurer que le sol soit fertile, bien drainé et absorbant. Or, la meilleure façon de préparer le sol est d'y ajouter du compost chaque année.

Le compostage est en partie une science mais surtout un art et une activité très satisfaisante. En respectant le cycle naturel par lequel les matières organiques sont transformées en humus riche, les jardiniers améliorent leurs jardins, recyclent les déchets domestiques et réduisent les problèmes causés par les insectes nuisibles ou les maladies. Ils économisent de l'argent sur les fertilisants, l'épandage en surface, l'eau et les pesticides. La bonne nouvelle dans tout cela, c'est que la fabrication du compost est facile et sera une réussite que vous interveniez ou non dans le processus.

Une connaissance même superficielle de l'art du compostage montre qu'il s'agit d'un procédé logique très aisé, qui a été pratiqué sous différentes formes depuis des siècles. Selon vos besoins et le temps dont vous disposez, votre implication dans le compostage peut être minime ou importante. Les pages qui suivent présentent différentes méthodes de compostage, de la simple accumulation de débris organiques que la nature modifiera, jusqu'au travail organisé sur une série de tas de compost afin d'en produire une plus grande quantité.

DU FUMIER AU COMPOST ACCÉLÉRÉ: UN CONTINUUM AGRICOLE

L'histoire du compostage domestique est entremêlée à celle de l'agriculture. Après avoir observé la décomposition naturelle de la matière organique sur le sol de la forêt, dans les prairies et le long des cours d'eau, les fermiers de la préhistoire tentèrent de reproduire ce procédé en empilant délibérément le fumier animal, les débris de plantes et la terre dans l'espoir d'en hâter la décomposition. Le produit qui en résulta, appelé compost ou humus, demeure encore aujourd'hui la source principale des nutriments du sol dans plusieurs parties du monde, et ce malgré la prépondérance de fertilisants manufacturés.

Au début du vingtième siècle, Sir Albert Howard conçut un système de compostage par couches où alternaient diverses matières organiques et du fumier. Howard en déduisit que la décomposition était plus efficace lorsque le ratio de débris de plantes et de fumier était de trois pour un. Dans les années subséquentes, le compostage fut adopté par les jardiniers sérieux, surtout ceux qui suivaient les principes organiques popularisés par la famille Rodale.

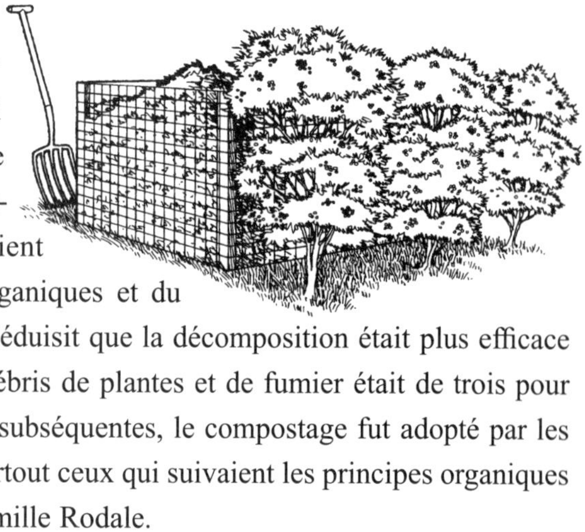

Le mouvement environnemental des années 1960 contribua à familiariser au compostage un large segment de la population, y compris l'industrie, les entreprises commerciales, les municipalités et les ménages où l'on ne jardinait pas. Tout à coup, le compostage devenait un moyen facile de réduire la pression sur la terre de remplissage et de responsabiliser les gens envers l'environnement. L'industrie des pelouses et des jardins répondit à ce nouvel intérêt pour le compostage en mettant sur le marché une gamme de nouveaux produits aux multiples usages, permettant d'aérer le tas de compost et allant presque jusqu'à le tourner à votre place.

FAITES-LE À VOTRE MANIÈRE

Puisque la décomposition de matière organique morte ou rejetée est un procédé naturel, il est très facile de faire du compost. Lorsque les éléments essentiels sont présents, soit l'air, l'humidité, le carbone et l'azote, c'est presque automatique. Ainsi, le degré de votre implication dans la fabrication du compostage est donc très variable.

Certains jardiniers, voulant simplement éviter d'ajouter aux déchets municipaux, empilent leur débris organiques au hasard en laissant la nature suivre son cours. Ces gens se satisfont d'une récolte annuelle de quelques boisseaux provenant de leur tas de compost simple. D'autres ont un système plus organisé et travaillent à obtenir une décomposition rapide qui leur permet de récolter plusieurs boisseaux d'humus chaque année. Ces jardiniers, typiquement, hachent et déchiquettent la matière de manière à former des tas; ils remplissent des contenants, utilisent des mélangeurs, font de l'infusion de compost et se servent des vers. Les vrais adeptes emploient tous ces moyens à la fois. La plupart des jardiniers, cependant, se situent quelque part entre ces deux extrêmes.

Le jardinier avisé n'est pas pris au dépourvu lorsqu'un modeste projet de compostage s'intensifie au cours des années. Le compost est un produit tellement valable et utile que vous deviendrez impatient d'y ajouter plus de matières et de varier les façons d'accélérer le processus de décomposition. Ceci produira plus d'humus pour vos platebandes, plantes d'intérieur, bosquets, arbres et pelouse.

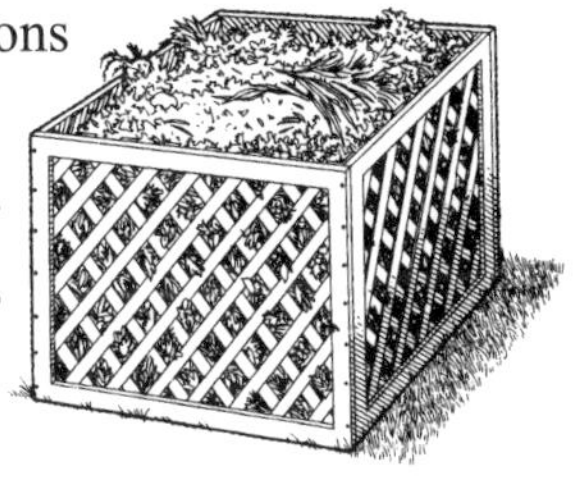

LE POINT DE DÉPART

Ce guide, qui présente l'art et la science du compostage, vous aidera à produire votre propre compost dans votre cour arrière. Dans les pages qui suivent, vous trouverez de l'information sur chaque aspect du processus, de l'endroit où installer votre tas jusqu'à l'utilisation la plus efficace du compost. Ceci vous permettra de prendre les bonnes décisions concernant votre degré d'implication et ce dont vous aurez besoin pour y arriver.

Pour commencer, prenez pour acquis que le sol nécessite d'être amélioré. La terre de la majorité des jardins résidentiels est généralement compacte et manque de matière organique.

Une bonne idée est d'identifier les endroits particuliers du sol qui requièrent de l'amélioration, de façon à mesurer la quantité de compost dont vous aurez besoin; mais il n'y a pas d'erreur à commencer sans planification. Vos efforts seront limités, jusqu'à un certain point, par la quantité de matériel organique que vous générez dans votre cour, mais les jardiniers expérimentés apprennent vite comment fourrager dans d'autres endroits. Si vous avez la chance de posséder des arbres sur votre propriété, ils vous fourniront des feuilles qui constituent la base de la fabrication du compost domestique.

L'espace est crucial lorsque l'on entreprend un projet de compostage. Plus vous voudrez produire du compost, plus vous aurez besoin d'espace. Il vous faudra aussi de l'espace supplémentaire pour entreposer le matériel de base et les outils. L'espace de rangement devient particulièrement important si vous décidez de dépasser les quelques outils de base: un chariot, une fourche à compost, une pelle, des élagueurs. L'équipement à déchiqueter et à hacher peut être très volumineux et il faut prévoir un espace suffisant pour une utilisation et un entreposage sécuritaires.

Le plus tôt vous récolterez du compost pour l'ajouter au sol, le plus vite la terre nourrira vos plantes. Pour ceux qui désirent un compost prêt rapidement, il y a plusieurs méthodes et produits conçus exprès pour accélérer le processus de décomposition. Même si la plupart de ces produits ne sont pas nécessaires, certains sont très utiles. Prenez le temps de les évaluer attentivement avant d'en faire l'achat.

Lorsque vous ajoutez du compost, vous fertilisez le sol. La vie microbienne de la matière organique (ou humus) convertit d'autres éléments du sol en des nutriments essentiels aux plantes. L'humus fibreux ajoute aussi de la texture au sol et assure un espace d'aération précieux pour les racines des plantes. Enfin, vous ajoutez une humidité nécessaire à la terre parce que l'humus spongieux absorbe et retient l'eau pour les plantes, tout en drainant en même temps les surplus loin des racines.

Attendez-vous à ce que votre système de compostage change avec l'expérience acquise et évolue au gré des multiples usages que vous trouverez à ce merveilleux compost. Ce volume peut vous faciliter la tâche à chaque étape, que ce soit à titre de ressource dans laquelle vous puisez de temps à autre ou comme guide à lire du début à la fin.

Le Sol

L'importance du sol est souvent négligée dans les projets de jardinage. Les plans du jardin ou du potager sont dessinés et réalisés avec soin. Des récoltes sont amassées année après année. Mais pendant ce temps, on ne pense guère à la terre qui a rendu possible ces réalisations. Le jour où les plantes deviennent la proie des maladies ou à partir du moment où les récoltes de légumes déclinent, la question tout à coup se pose: la santé du sol serait-elle importante?

Bien connaître le sol, sa composition, sa santé et sa productivité, est la plus importante chose à faire avant d'entreprendre et de cultiver un jardin. C'est facile d'imputer les problèmes à d'autres facteurs comme la lumière, l'eau, les animaux nuisibles ou le tempérament des plantes, mais la vérité est presque toujours littéralement écrite sur la terre. Un sol riche en nutriments productifs peut contribuer à surmonter d'autres déficiences. Le sol n'est pas une substance inerte; il requiert d'être nourri régulièrement afin d'en récolter une redevance.

La terre est faite d'air, d'humidité, de minuscules particules de roc et de parcelles de matière organique. Une poignée de terre typique contient surtout des substances inertes, mortes. Seulement une très petite proportion est de la matière vivante ou organique. Cette matière organique, parfois appelée humus, est littéralement l'ingrédient actif qui transforme ce qui est essentiellement de la poussière stérile, morte, en un sol fertile et vivant.

La petite quantité de matière organique dans le sol regorge de vie. Les organismes vivants, en se nourrissant et se reproduisant, accélèrent la décomposition des feuilles, des rognures de gazon et des plantes mortes jusqu'à ce qu'elles ne soient plus reconnaissables. Elles deviennent une nouvelle substance, spongieuse, de l'humus foncé. Il est produit naturellement là où se trouvent suffisamment de matière organique, d'organismes, d'air et d'humidité. Lorsque vous produisez volontairement de l'humus dans votre cour arrière, à partir de matière organique, vous obtenez du compost.

La Vie du Sol

Qu'il s'appelle humus, compost ou matière organique décomposée, ce petit produit de sol typique est extrêmement précieux et utile dans la culture des plantes. La présence de compost dans un sol lui confère un élément nutritif qui alimente et fait croître les plantes. Plus il y a d'humus dans le sol (3 % à 5 % est idéal), plus il est riche en nutriments et mieux il conserve l'humidité et l'air dont les racines des plantes ont besoin. L'humus du sol protège celui-ci des conditions adverses souvent présentes.

L'humus contribue à retenir l'humidité, il fait fonction de colle liant les particules inorganiques. Un humus typique ajoute de l'azote, du phosphore, du potassium et du soufre à des terres infertiles. De plus, il attire et retient les nutriments et les oligo-éléments qui autrement se perdraient durant les pluies abondantes. Certaines parties de l'humus deviennent des substances qui stimulent la croissance des plantes et contribuent à les défendre des insectes nuisibles et des maladies. Ceci est possible parce que la matière décomposée contient des organismes qui tuent les microbes pathogènes se manifestant sous forme de toxines libérées dans les plantes par divers micro-organismes.

L'humus est polyvalent parce qu'il contient une incroyable variété de micro et de macro-organismes. Ceux-ci décomposent la matière organique, la raffinent, la convertissent en composés chimiques (azote, calcium, phosphore, potassium et autres) sous une forme que les plantes vivantes peuvent facilement assimiler par leurs racines.

Une incroyable variété de bactéries, de champignons et autres microbes invisibles sont présents dans l'humus. On y retrouve également des organismes visibles, notamment des vers de terre et des cloportes. Les organismes microscopiques vivent surtout dans la pellicule d'eau qui couvre les particules de terre. Les plus grosses vivent dans les bulles d'air entre les particules de terre et brisent des parcelles de roches en mangeant et en se reproduisant, relâchant leurs minéraux et les déposant sous une forme facilement digestible par les plantes.

Faire de l'Humus par le Compostage

La majorité des jardiniers d'expérience connaissent la relation entre la quantité de matière organique présente dans le sol et la santé de leurs plantes. Depuis des temps immémoriaux, les jardiniers ont enrichi le sol avec de l'humus dans l'espoir d'améliorer le volume de leurs récoltes. Les premiers jardiniers observèrent le processus de décomposition organique à l'oeuvre dans la nature et tentèrent de l'imiter sur leur propre terrain.

L'histoire du compostage d'arrière-cour est celle des efforts des jardiniers et des fermiers voulant perfectionner une méthode produisant intentionnellement de l'humus à partir de matière organique accumulée. Puisque les jardiniers ont toujours été impatients, ils ont créé des procédés d'accélération de la décomposition. Les expériences de ces générations de jardiniers ont donné lieu à des quantités de raccourcis, de techniques et d'outils permettant de rendre le processus plus rapide. Quelle que soit la méthode, le compost est toujours produit de la même façon: un bataillon de micro-organismes décomposent systématiquement la matière organique dans une série d'étapes.

En termes simples, le processus de compostage est alimenté par l'activité d'une quantité d'organismes minuscules déjà présents dans n'importe quel tas de matière organique. En utilisant le carbone et l'azote, les micro-organismes génèrent des sous-produits devenant une source alimentaire pour un autre genre d'organisme. La matière organique subit une décomposition progressive à travers cette chaîne alimentaire complexe. Une succession de différents types de microbes sont impliqués jusqu'à ce que presque toute la matière biodégradable soit consommée et transformée. La substance qui demeure est cet humus brun foncé ou noir appelé compost.

LE PROCESSUS DE DÉCOMPOSITION: La première étape du compostage domestique consiste à créer un environnement propice aux micro-organismes qui décomposent la matière organique. Bien que ceci se produise continuellement dans la nature, à la maison, le procédé demande une certaine préparation. Cela est particulièrement vrai si l'on désire accélérer le processus. Pour faire travailler les micro-organismes en temps supplémentaire, ils ont besoin de soin et de nourriture spéciaux et on y arrive en préparant adéquatement le tas de compost.

Pour comprendre le mécanisme de la décomposition, il est important de savoir que les micro-organismes nécessitent de la matière (brune) contenant du carbone, comme des feuilles séchées ou de la paille, et de la matière (verte) contenant de l'azote, comme des rognures de gazon, des mauvaises herbes ou des déchets de cuisine. Ils ont aussi besoin d'oxygène et de suffisamment d'humidité, mais sans excès. Ces quatre ingrédients: carbone, azote, oxygène, eau, sont la base d'un compost réussi.

La décomposition naturelle de la matière organique se fait en cinq phases: oxydation, réduction, dégradation, conversion, maturation. Que la décomposition ait lieu dans le sol de la forêt ou dans votre arrière-cour, elle passe toujours par ces étapes.

OXYDATION: L'oxydation chimique par exposition à l'air et à l'eau débute automatiquement pendant que les substances attendent d'être déposées en tas ou dans un contenant. L'action des bactéries psychrophiles (température froide) change l'état chimique de la matière lorsque ces dernières commencent à digérer les composés de carbone.

RÉDUCTION: La décomposition est stimulée lorsque les insectes, les vers et même les humains déchiquettent la matière organique en petits morceaux. Décortiquer et hacher la matière avant de la déposer sur le tas permet d'exposer une plus grande surface à l'oxydation. À ce stade, les bactéries mésophylliennes (température moyenne) ont déjà commencé à manger et à réduire le tas de compost. Lorsque la décomposition est suffisamment avancée pour faire chauffer le tas, les vers, les podures et les mites en sortent pour échapper à la chaleur.

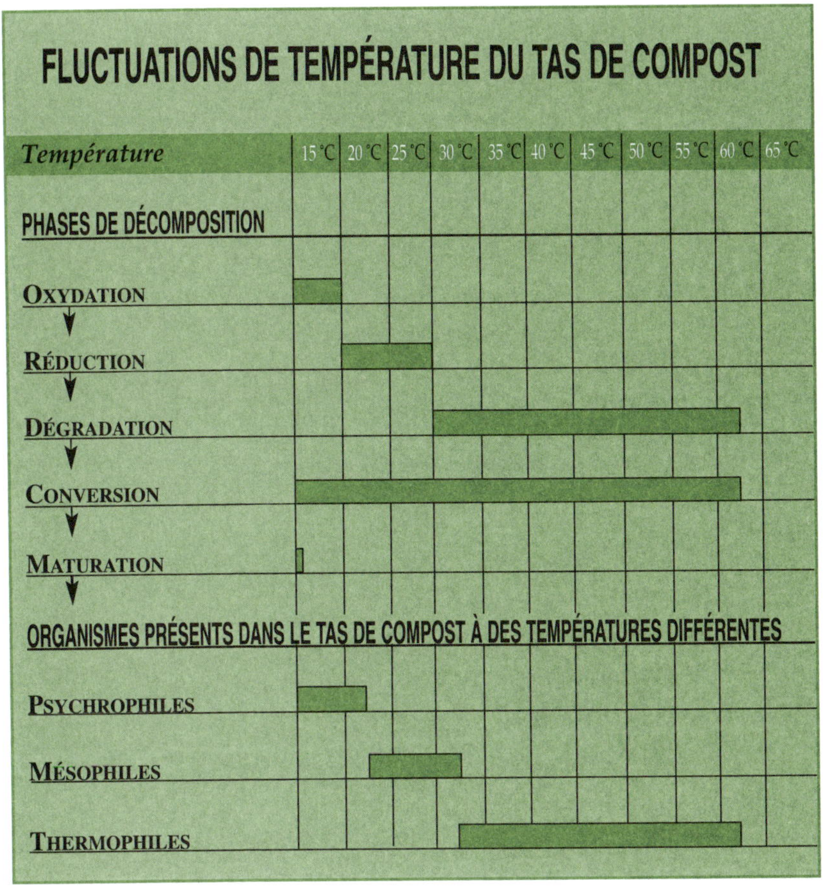

DÉGRADATION: En termes simples, cette phase implique des micro-organismes qui consomment des protéines et des hydrates de carbone trouvés dans la matière jetée. En se multipliant et en croissant, ils créent de l'énergie sous forme de chaleur, d'eau et de dioxyde de carbone (CO_2). La décomposition complète son cycle lorsque les bactéries thermophiles (qui aiment la chaleur) commencent à remplacer les bactéries mésophylliennes.

Les champignons et les actinomycètes, qui sont des bactéries semblables à la moisissure, se multiplient et sont consommées par les autres micro-organismes, dont la population prolifère grâce à la température élevée du tas de compost. Avec suffisamment d'air et d'humidité, un environnement optimal, la bactérie thermophile devient si active que, dans les gros tas, la température monte à un degré suffisant pour tuer les virus et les graines de mauvaises herbes. À ce stade, les micro-organismes anaérobies, des bactéries vivant sans oxygène, apparaissent dans les tas qui ne sont pas retournés.

CONVERSION: Lorsque la température du tas diminue, la décomposition ralentit. D'autres bactéries et champignons prennent le relais pour terminer le processus. Dans cette forme, le compost est frais ou cru. La décomposition continuera si le tas est laissé à lui-même, mais la conversion de matière organique en compost est faite. Si du compost frais est mis en terre, l'azote déjà présent dans le sol sera utilisé pour la décomposition finale. Le compost frais n'est donc pas considéré aussi valable que celui qui est âgé ou mature, dans lequel le processus de décomposition est terminé.

La rotation régulière du compost augmente le degré de décomposition.

MATURATION: La matière organique récemment décomposée vieillira, passant de compost frais à compost âgé. À ce stade, l'intense activité bactérienne diminue, le tas rafraîchit et les vers, les podures et les mites reviennent progressivement. L'humus ou compost atteint sa valeur optimale à ce moment-là. Cependant, le plus longtemps il reste ainsi, le moins d'azote il conservera. Ce stade est particulièrement important dans la fabrication du compost actif ou frais (voir page 87) parce que vous voudrez l'utiliser lorsqu'il sera à son meilleur.

LE PRODUIT FINI: Ce qui reste après la décomposition des matières organiques se compose surtout des cellules et des squelettes de tous les micro-organismes ayant participé à cette décomposition: des particules de matière organique, partiellement décomposées (cellulose et lignine); des particules inorganiques comprenant le verre, le sable, les roches et autres éléments minéraux situés à la surface de la matière organique ou emmêlés dans le tas. Certains des nutriments essentiels à la croissance de la plante sont aussi présents.

UN VIVARIUM À COMPOSTAGE

La décomposition qui se produit dans votre arrière-cour peut être simulée dans un vivarium, un espace clos où l'on garde, entretient et observe la vie animale dans la maison. Avec un simple aquarium vous pouvez recréer un écosystème miniature ou un mini bac à compostage avec des décortiqueurs vivants, les insectes. En observant leur travail à travers le verre vous comprendrez facilement comment le compost est fabriqué.

Dans le bocal, vous devez créer un environnement comportant les quatre ingrédients de base: l'air, l'humidité, le carbone, l'azote. Amassez de la matière organique grossière, humide, comme des bâtons, des branches ou des feuilles, et couvrez-les de terre ou de compost fini sur la moitié du fond. La vie microbienne naturelle sera déjà sur ces matières. En plus, ajoutez au bocal une population d'insectes qui se trouvent couramment dans les tas de compost ou sur le sol de la forêt: vers de terre, cloportes, mille-pattes, araignées, limaces et ainsi de suite. Assurez-vous que le dessus du bocal est recouvert d'un fin treillis de moustiquaire.

La lumière du soleil est requise, mais un fluorescent à aquarium peut suffire. La décomposition se fera plus rapidement si le bocal est chaud et maintenu au moins à la température de la pièce.

Ce vivarium à compostage produira une petite quantité de compost. Vous pouvez le décorer de petites plantes, mais assurez-vous qu'une source d'eau y apportera de l'humidité.

Les quantités de nutriments et d'oligo-éléments du compost varient d'un tas à l'autre. La concentration en nutriments est surtout déterminée par le genre et la proportion de carbone et d'azote présents dans le mélange initial de matière organique.

La façon dont le compost a été produit contribue aussi à la quantité de nutriments présents. Par exemple, le compost qui a été souvent retourné et ainsi décomposé à haute température par son exposition à l'air, possède légèrement plus d'azote que le compost produit par une méthode plus passive. Cependant, la variation en nitrogène dans le produit fini n'a pas d'incidence sur les plantes et le sol.

Bien que le compost ne comporte pas suffisamment de nutriments pour se substituer aux fertilisants lorsque la terre est pauvre, en l'ajoutant au sol vous en améliorez à long terme le contenu nutritionnel. Graduellement, le sol sera mieux à même de supporter la vie microscopique qui le garde en santé. La présence de nutriments individuels dans le compost contribue à nourrir les plantes.

Une des préoccupations de nombreux jardiniers et d'enthousiastes du compost domestique est de savoir si l'ajout de compost au sol va en changer le pH, le niveau d'acidité ou d'alcalinité. Ils croient que l'acidité des matières organiques originales (par exemple, les aiguilles de pin et les feuilles de chêne) sera reflétée dans le compost qui en résultera. En réalité, grâce à l'activité des vers de terre, le niveau de pH de la plupart des tas de compost fait avec une variété de matières organiques présentes dans l'arrière-cour est presque neutre, se situant entre 6,8 et 7,2 sur l'échelle du pH.

La meilleure façon d'obtenir le bon degré de pH est d'employer une variété de matières à compost. Si vos plantes progressent bien, alors le compost produit à partir de leurs rejets sera bon pour améliorer ce sol. En attendant des recherches plus poussées sur l'effet

ALERTE AUX ACIDES

Un des composants potentiels du compost est ce que les scientifiques appellent les acides gras. Ceux-ci sont utilisés dans certains insecticides (par exemple, le savon insecticide) pour contrôler de petits insectes nuisibles au corps mou comme les aphis, les mites et les mouches blanches. Selon les matières employées pour faire du compost, le produit final pourra renfermer certains de ces acides gras. Leur présence peut expliquer pourquoi le compost semble améliorer un sol infesté d'éléments pathogènes. Les jardiniers ont observé depuis longtemps que les plate-bandes traitées avec beaucoup de compost avaient moins de problèmes d'insectes que les sols de jardin sans compost.

Une substance appelée acide humique est présente dans le compost fini. Cette substance est très appréciée pour alléger les sols d'argile et ainsi améliorer leur drainage. L'acide humique joue aussi un rôle dans les sols qui peuvent contenir une grande quantité d'aluminium. Il s'unit à l'aluminium et le rend presque inactif.

du compost sur les niveaux de pH, considérez que les gens qui emploient beaucoup de compost domestique ont toujours de la bonne terre et des plantes en santé.

L'Analyse Finale: Globalement parlant, le compost est encore une terre inexplorée. Même après des siècles d'expérimentation et d'étude par les fermiers, les scientifiques et les jardiniers du monde entier, nous n'en savons pas encore beaucoup sur la façon dont l'humus est produit et comment il est bénéfique à la vie du sol. Nous savons, cependant, que le compost est la clé de récoltes abondantes.

ENTRETIEN *DU* SOL

Là où la nature est laissée à elle-même, du compost se forme tout naturellement. Quiconque creuse sous une surface couverte de feuilles tombées et de broussailles, rencontre éventuellement une couche émiettée de sol brun ou noir appelé humus ou compost. Lorsque les plantes meurent, elles se décomposent naturellement avec l'aide des insectes et des micro-organismes, contribuant ainsi à produire la terre et à assurer la vie des nouvelles plantes. Ce cycle de la terre est constant dans les forêts non exploitées par les humains.

Toutefois, dans la plupart des terrains nord-américains, le cycle de la terre s'interrompt brusquement de façon régulière. La matière organique produite naturellement sur le terrain est ignorée, ou pire, mise à l'écart sans réflexion. Au lieu de laisser les feuilles et les rognures de gazon se décomposer et retourner au sol, plusieurs propriétaires les mettent en sac et les envoient aux ordures. Les mauvaises herbes, les branches émondées et autres débris organiques, tous bénéfiques pour le sol lorsqu'ils sont décomposés, sont régulièrement enlevés du terrain de façon permanente.

Lorsque vous commencez à penser en terme de compostage, toutes les matières organiques de la cour deviennent importantes. Les feuilles, les plantes mortes, les mauvaises herbes, les troncs pourris, le gazon et l'écorce prennent une nouvelle importance comme sources potentielles de carbone ou d'azote pouvant nourrir le processus de compostage. Vous pouvez même profiter des autres sources de matière organique se trouvant au-delà de votre propre cour.

Matières Organiques Pour Le Compostage

Les matières organiques sont des substances dérivées des organismes vivants, tel le bois, par opposition aux substances inorganiques, comme les roches. Ces matières composées de carbone sont biodégradables et pourrissent avec le temps, en présence d'oxygène. Pour les besoins du compostage, la matière organique de base est le plus souvent composée des restes de plantes ou des débris de la cour et du jardin.

Certains de ces restes sont verts et relativement mous, comme les rognures de gazon et les mauvaises herbes fraîches. Ils contiennent une grande quantité d'azote et d'humidité. D'autres sont bruns et secs, comme les vignes ligneuses, les feuilles tombées, les brindilles et l'écorce qui toutes contiennent du carbone. Les matières organiques peuvent aussi consister en substances transformées dérivées des plantes, comme le papier ou les grains de café après infusion. Ils peuvent aussi être d'origine animale comme la viande et les os. La plupart du temps, les matières animales ne sont pas appropriées pour le compost domestique et peuvent causer des problèmes.

Quelles que soient les matières organiques employées dans le compostage, chaque substance apporte certains nutriments de base. Les trois principaux, pour les plantes, sont l'azote (N), le phosphore (P), le potassium (K). Presque tout l'azote est consommé durant le processus de décomposition, mais le phosphore et le potassium, sous certaine forme, aboutissent dans le produit final. Ils sont présents en quantité insuffisante pour remplacer le fertilisant, mais ils apportent une certaine nutrition aux plantes. La quantité relative de ces trois nutriments des plantes est appelée le niveau NPK.

MATIÈRES PROVENANT DE LA COUR: La majorité des maisons possèdent suffisamment de matière organique pour un compostage pouvant servir aux besoins de l'ensemble de leurs plantes, arbres et arbustes. Il y a presque toujours un équilibre parfait entre la quantité d'humus nécessaire au jardin moyen et les débris organiques disponibles pour le tas de compost. L'herbe, le gazon, les feuilles, les aiguilles de pin, les mauvaises herbes (si votre tas de compost est bien composé) et le bois sont généralement disponibles en quantité suffisante sur votre propriété. Lorsque vous devenez plus à l'aise dans la préparation du compost, vous vous rendez vite compte qu'il y a tout un éventail de débris simples et non conventionnels pour alimenter votre tas, comme le contenu du sac de l'aspirateur, les cheveux, le papier journal et même l'urine humaine.

HERBE: Règle générale, les aménagements paysagers comportent une pelouse. Or, les rognures de gazon générées par 30 à 40 tontes chaque saison créent un énorme volume de débris. Bien des gens ramassent ces rognures. Si votre pelouse n'a pas été tondue depuis longtemps ou que vous planifiez de réensemencer, il est préférable de ramasser les rognures car elles s'ajoutent très bien au tas de compost.

Les rognures de gazon sont bonnes pour le compostage seulement si elles sont mêlées à des feuilles ou à d'autres matières sèches, comme de la paille, du foin, de la sciure de bois ou même de la mousse de sphaignc canadienne. Parce qu'elles sont composées presque entièrement d'eau, les rognures de gazon frais empilées ensemble deviennent vite compactes et il n'y a alors plus d'air dans le tas. Ceci produit une situation anaérobie (sans oxygène), les rognures se putréfient, sentent mauvais et deviennent visqueuses. Si elles sont d'abord séchées au soleil ou combinées à de la matière brune et sèche, les rognures se décomposent facilement.

Avec la disponibilité des tondeuses à gazon qui font du paillis, les propriétaires peuvent maintenant laisser les rognures sur la pelouse où elles se décomposent et fournissent l'azote directement aux plantes. C'est une des meilleures méthodes d'amélioration de la santé de la pelouse. L'azote présent dans les rognures (voir page 45 pour les niveaux d'azote) s'en retourne directement dans le sol grâce aux vers de terre qui les tirent vers eux pour s'en nourrir.

CE QUI NE DOIT PAS ÊTRE MIS EN COMPOST:

- La sciure de bois provenant de bois pressé
- Les parcelles ou la sciure provenant d'arbres allélopathiques (chêne noir, eucalyptus, cèdre rouge et autres possédant des huiles aromatiques)
- La viande et les produits de la viande comme la sauce, le gras, les os
- Les produits laitiers, comme le fromage, les oeufs entiers, la crème sure, le lait
- La litière sale d'animaux domestiques et leurs déjections
- Les déjections humaines
- Les cendres d'un poêle à charbon ou les cendres de charbon de bois
- Les plantes de jardin malades
- Les rognures de gazon contenant des herbicides ou des pesticides
- Les mauvaises herbes envahissantes (les graines peuvent survivre dans un tas passif)
- L'herbe à puce

Même si vous faites du paillis de cette façon, vous pourrez remarquer que vos voisins continuent à jeter aux ordures leurs rognures de gazon, ce qui vous sera utile. Afin de ne pas introduire par inadvertance des herbicides ou autres résidus de pesticides dans la pile de compost, fourragez dans les rognures amassées après une forte pluie. La pluie aura lavé les contaminants qui auraient pu se trouver sur les lames de la tondeuse.

GAZON: Des mottes de gazon sont idéales pour le compostage. Non seulement vous obtenez de l'azote du gazon, mais il y a habituellement de la terre de surface autour des racines, laquelle est riche en nutriments. Avec le gazon et la terre, vous ajouterez de bons organismes à votre tas de compost. Le problème du gazon est qu'il demande un an ou deux pour se décomposer complètement s'il est laissé en larges bandes. Pour le compostage sans autre matière, il faut humidifier les morceaux et les empiler, en mettant le gazon vers le bas. En couvrant le tas d'une bâche pour le cacher de la lumière, il produira du compost dans environ deux ans. Une façon d'accélérer la décomposition du gazon est de le hacher ou de le déchiqueter en petits morceaux qui seront mêlés aux autres matières dans le tas régulier.

Feuilles: Les feuilles constituent la vraie manne du compostage. Les propriétaires de plusieurs gros arbres à feuillage caduc sont alors récompensés de leurs efforts de ratissage des feuilles. Les feuilles tombées comptent pour un grand pourcentage des déchets totaux produits sur un terrain chaque année; elles sont aussi la meilleure façon d'en assurer la santé. Certains propriétaires les déchiquettent à la tondeuse ou avec le déchiqueteur à feuilles et s'en servent immédiatement sous forme de paillis pour leurs arbres et arbustes. De cette façon, les feuilles se décomposent graduellement sur place et conditionnent le sol. Même après avoir fait le paillis, il reste habituellement suffisamment de feuilles pour grossir le tas de compost. Les feuilles complètes se décomposeront éventuellement, mais elles occupent plus d'espace et se décomposent en deux fois plus de temps que les feuilles hachées.

Toutes les sortes de feuilles peuvent servir au compost. Quelles soient acides ou alcalines au début du cycle de décomposition, le compost qui en résultera aura un pH presque neutre (6,8 à 7,2). Alors que les aiguilles de pin, les feuilles de chêne, le marc de café sont naturellement acides et font un paillis idéal pour les plantes aimant l'acidité (bleuets, azalées, rhododendrons, par exemple) ou un additif à un sol à tendance alcaline.

COMPOSTAGE DES MAUVAISES HERBES

Si des plantes fraîchement jetées ont germé, pensez-y à deux fois avant de les ajouter à votre tas de compost. Seule la méthode active de compostage (voir page 48) générera une température suffisamment chaude (60 ° à 70 °C dans le tas) pour tuer les semences. Avec la méthode passive, vous risquez d'étendre des semences viables dans la cour en même temps que le compost. (Vous savez que c'est le cas lorsque vous voyez des plants de tomates pousser partout). Si vous choisissez la méthode passive, jeter aux ordures les mauvaises herbes envahissantes comme le briza, le liseron pourpre sauvage (volubilis des jardins) et la renoncule (bouton d'or).

AIGUILLES DE PIN: Les aiguilles de pin, comme celles d'arbres tels que la pruche, le cyprès chauve et le sapin, sont des feuilles aussi. Bien entendu, la plupart des arbres et arbustes à aiguilles sont des conifères dont les aiguilles ne tombent pas en abondance sur une courte période de temps.

Elles vieillissent et tombent tout au long de l'année, formant souvent leur propre joli paillis sous l'arbre ou l'arbuste. Elles font aussi un bon additif de carbone (matière brune) sur le tas de compost. Si vous décidez d'en faire du compost, rappelez-vous qu'elles prennent un peu plus de temps à se décomposer que des feuilles ordinaires. Elles ont une enveloppe externe épaisse de texture cirée appelée cutine qui se décompose lentement. Comme les feuilles ordinaires, elles se décomposeront plus vite si elles sont déchiquetées avant d'être mises sur le tas.

MAUVAISES HERBES: Invariablement, il y a une assez bonne quantité de débris frais, riches en azote (matière verte), produits pendant la saison de croissance dans un environnement domestique typique. S'il y a un potager, il y a aussi beaucoup de plantes rejetées de la première récolte de légumes durant la période fraîche, ensuite les récoltes de la période chaude, puis éventuellement d'autres légumes de temps frais. Parce qu'ils sont verts, ils donnent de l'azote (voir page 45 les niveaux d'azote) pour alimenter le processus de décomposition.

Le même problème peut exister chez les mauvaises herbes fraîches et autres débris de plantes vertes qui seraient dans l'herbe. À moins d'être mêlées à de bonnes quantités de matière brune, elles deviendront anaérobies et commenceront à sentir mauvais. Éviter ceci en les mêlant bien dans le tas de feuilles avec de bonnes quantités de matière brune. L'autre aspect à prendre en considération est que certaines mauvaises herbes et les plants de légumes, surtout lorsqu'ils sont adultes, deviennent fibreux. Des plantes comme la tomate, le chardon des champs et l'eichornia (jacinthe) se transformeront en compost plus rapidement si elles sont coupées et décortiquées au préalable.

MATIÈRE LIGNEUSE: Des matières comme les copeaux de bois, la pomme de pin, l'écorce, les rejets d'émondage, les broussailles sont des matières ligneuses: brunes et fibreuses. Parce qu'elles sont dures, elles mettent beaucoup de temps à se décomposer, même lorsqu'elles ont été déchiquetées ou hachées. Mais elles font de l'excellent compost. De solides déchiqueteuses moudront ou déchiquetteront les branches et les broussailles de manière suffisamment fine pour qu'elles puissent être incorporées sans problème dans un tas de compost régulier. Celui-ci aura une texture un peu plus grosse, mais il pourra être utilisé en tout temps.

Certaines personnes plus expérimentées jettent la matière ligneuse dans un tas séparé, afin qu'elles ne nuise pas à la matière plus fine qui est devenue du compost. Certains jardiniers préfèrent mêler les branches, les pommes de pin et autres débris ligneux avec les feuilles, l'herbe et d'autres matières fines. Ils croient que le tas sera mieux aéré ainsi. Les branches ménagent des espaces d'aération durant le processus de décomposition, mais elles doivent être retirées du produit fini, parce qu'elles ne sont pas entièrement décomposées.

COMPOSTAGE DU BOIS

Il y a quelques arbres et arbustes qui ne sont pas faits pour être transformés en compost. Ils produisent des dérivés chimiques ou des résines qui affectent les plantes voisines. Il y a des signes que ces produits chimiques sont encore actifs même lorsque le bois est décomposé et ils auraient un mauvais effet sur les plantes en croissance s'ils étaient incorporés dans le sol. Le noyer noir, le cèdre rouge et l'eucalyptus sont les plus communs. La meilleure façon de recycler le bois de ces arbres est d'en faire des copeaux à étendre sur les allées piétonnes où ils ne seront pas en contact avec des plantes.

MATIÈRE SE TROUVANT DANS LA MAISON: La cuisine est une merveilleuse source de matière organique pour le tas de compost. Des milliers de déchets y sont produits chaque année. Presque tous ces déchets sont parfaits pour le tas de compost et ensuite le sol.

DÉCHETS DE CUISINE: les pelures de fruits et de légumes, le pain et le gâteau rancis, le marc de café, les serviettes de papier, les poches de thé, les fruits trop mûrs, le papier mouillé et les coquilles d'oeufs peuvent aller sur le tas de compost. Presque toutes les matières organiques de la cuisine sont utilisables, à l'exception de la viande et des dérivés de la viande. La règle est de ne pas jeter dans la pile la viande, les os, la graisse, la sauce, les produits laitiers, le fromage, les oeufs entiers, la crème sure et le lait. Préparez les restes recyclables comme vous le feriez avec les mauvaises herbes fraîches et les plantes, en les mêlant à de grandes quantités de matière carbonique sèche, comme des feuilles hachées, des broussailles et des copeaux de bois, afin de prévenir les mauvaises odeurs.

Les tas de compost simple sont une accumulation de débris provenant de la cour qu'on laisse se décomposer sans y toucher

La viande et les produits laitiers peuvent parfois être recyclés par le compostage, mais ils ne sont pas appropriés dans un tas de compost régulier. Les produits à forte teneur en gras, comme les sauces à salade, la mayonnaise et le beurre d'arachide, requièrent de très hautes températures générées dans un tas actif, pour se décomposer adéquatement. Autrement, ils peuvent dégager une forte odeur et attirer des animaux indésirables.

PAPIER: Il y a plusieurs moyens de recycler les quantités énormes de papier qui s'accumulent dans la plupart des maisons. Une façon de leur éviter la filière du dépotoir municipal est de participer à un programme de recyclage au sein de sa communauté, s'il en existe un.

Les encres à base d'eau employées dans les journaux les rendent compatibles au compostage de l'arrière-cour. Si vous avez un bureau à la maison, le papier à photocopie et à imprimante d'ordinateur est également compostable. Il est préférable de le déchiqueter d'abord. Si vous pouvez le faire avec un déchiqueteur électrique, la tâche

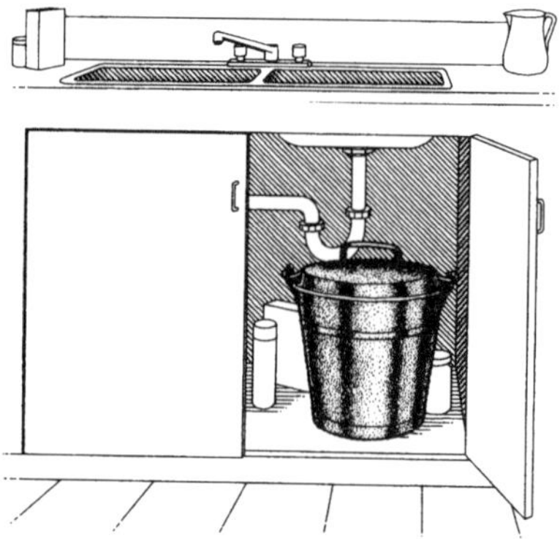

Un contenant scellé, sous l'évier, est un endroit pratique où déposer les restes non carnés qui iront sur le tas de compost.

s'en trouve simplifiée. Les journaux et le papier du bureau peuvent aussi être mis dans un déchiqueteur de jardin, mais ne l'utilisez pas un jour de grand vent.

Cendres de Bois: Elles sont une autre matière organique générée à l'intérieur de la maison. Les cendres d'un poêle à bois ou d'un foyer peuvent être mises dans le tas de compost. En petite quantité, elles contribuent à la décomposition de la matière acide comme les aiguilles de pin et les feuilles de chêne. Leur présence dans le tas ajoute de l'alcalinité qui contrebalance l'acidité des feuilles. Les cendres de bois dégagent de l'azote dans le compost final, mais la quantité est négligeable.

Déchets Humains: Même si dans certaines parties du monde il est courant de recycler les selles humaines comme fertilisant pour les champs cultivés, cette pratique risque de répandre certaines maladies humaines dans la chaîne alimentaire. Pour cette raison, incorporer des selles dans le tas de compost de la cour n'est pas recommandé. Plusieurs villes des États-Unis, notamment Philadelphie et Milwaukie, font du compost avec la boue municipale en mêlant le contenu des égouts avec des parcelles de bois et en répétant le processus plusieurs fois. Cependant, ce n'est pas quelque chose à essayer avec le compost domestique.

Si vous êtes un fanatique du recyclage et que vous voulez recycler les déchets humains de votre maison, recherchez des toilettes manufacturées spécialement pour le compostage de ces déchets. Elles sont parfois appelées toilettes sans eau et sont conçues pour composter les selles humaines.

L'urine humaine, par ailleurs, est un élément utilisable dans le compost domestique. Si votre famille est en santé, l'urine est stérile et ne transmettra pas de maladie. Elle est riche en azote (voir page 45 les niveaux d'azote) et accélère la décomposition des matières carboniques comme les feuilles hachées. C'est surtout utile à l'automne lorsqu'il y a des feuilles partout, mais peu d'éléments riches en azote ou de déchets de cuisine. L'urine n'aura pas d'odeur si elle est répandue partout sur le tas ou diluée dans l'eau. Non diluée et simplement versée sur le dessus de la pile, l'urine dégage parfois une odeur pendant un jour ou deux.

Matières Variées: Lorsque vous comprenez que presque tout ce qui est organique peut être composté, votre regard sur les choses que vous jetez habituellement à la poubelle va changer. Alors que ces quelques matières ne représentent pas une source significative de matériel organique pour votre tas, elles apportent un peu de carbone et d'azote essentiels au processus. Et enfin, ce matériel ne s'en va pas dans le système municipal de déchets.

La défibreuse/déchiqueteuse est un excellent investissement pour l'enthousiaste du compost. Les débris ainsi produits se décomposeront rapidement dans le tas.

Voici certaines matières organiques provenant de la maison qui peuvent être compostées: le contenu du sac de l'aspirateur, les cheveux humains, les plantes d'intérieur fanées. Le tissu non synthétique, comme les draps de coton, les serviettes, les couches propres et les vêtements de laine conviennent également. Assurez-vous qu'ils ne sont pas enduits d'un produit chimique et coupez-les en petits morceaux avant de les incorporer au tas. La sciure de bois de l'atelier de menuiserie est bonne si elle ne parvient pas du bois pressé. La même remarque vaut pour le matériel à emballage fait de laine.

MATIÈRES PROVENANT DE LA COUR ARRIÈRE: La majorité des matières premières pour le compost se trouvent dans et autour de votre maison. Si vous vivez dans un endroit où abondent les arbres à feuilles caduques, vous ne manquerez pas de feuilles pour faire tout le compost nécessaire à vos plate-bandes. Il en restera probablement pour hacher à la tondeuse et utiliser comme paillis pour vos plantes pendant toute l'année.

Si vous manquez de feuilles ou que vous voulez fabriquer du compost sur une plus grande échelle, de multiples autres sources de matière organique sont disponibles. Les fermes avoisinantes sont une excellente source de matière organique. Le fumier animal est une source riche en nutriments pour le compostage (voir page 45 les niveaux d'azote). Le fumier de poule est le plus riche en nutriments de base, mais doit toujours être changé en compost avant d'être étendu dans le jardin. Pour l'épandage dans la cour, tous les fumiers doivent mûrir et sécher, si possible. Vos voisins vous en seront reconnaissants, car le fumier séché est d'une odeur moins accentuée que le fumier frais. Il est aussi plus riche en nutriments.

Les fermiers peuvent aussi avoir ce qu'ils appellent de la paille ou du foin gâtés, c'est-à-dire mouillés et donc inutilisables pour eux. Une autre option est la litière des animaux mêlée au fumier de l'étable ou de la grange. De la paille ordinaire est aussi excellente pour le compost, parce qu'elle contribue à aérer le tas et à apporter du carbone. Le foin est bon également, mais il a plus de chance de contenir des graines de mauvaises herbes. Si vous travaillez le tas de façon à ce qu'il atteigne une température élevée (voir page 48), la chaleur devrait tuer les semences. Parfois, on trouve des balles de paille sur des chantiers de construction où elles sont utilisées pour contrôler l'érosion pendant le déplacement de la terre. Lorsque le travail est terminé, ces balles ne servent plus et vous pourriez les obtenir gratuitement.

Les terrains avoisinants et la pépinière sont d'autres bonnes sources de matière première pour le tas de compost. Plusieurs entrepreneurs paysagers sont contents d'avoir un endroit où jeter les morceaux de branches produits par leurs défibreuses sans devoir interrompre leur travail. Cette matière de bois déjà déchiquetée est idéale pour votre pile en autant que l'arbre est en santé et qu'il n'a pas été récemment arrosé d'insecticide chimique. (Toujours demander à l'entrepreneur les raisons de l'émondage.) Assurez-vous que ce n'est pas un cèdre rouge ou un arbre ayant un effet allélopathique (poison) sur d'autres plantes (voir page 23).

Si vous vivez dans une région maritime, les algues sont une bonne matière organique pour le tas de compost. Elles sont riches en oligo-éléments, en micro-nutriments et ont presque le même contenu organique que le fumier de ferme. Les algues fraîches et humides contribuent à la décomposition rapide des autres matières organiques lorsqu'elles y sont mêlées. À cause du sel de mer qu'elles contiennent, il faut les rincer au boyau ou les exposer un peu à l'eau de pluie avant de les incorporer au tas. (Ne les immergez pas car vous perdriez ainsi beaucoup de nutriments superficiels.) Ajoutez-les immédiatement au compost alors qu'elles sont vertes et fraîches ou séchez-les d'abord avant de les incorporer. Les algues séchées ont un niveau de nutriments légèrement supérieur. Le bord de l'eau est un bon endroit pour trouver des déchets de poisson. Parce qu'il s'agit d'une chair, prenez la peine de la mêler suffisamment avec les feuilles et les autres matières pour éviter que le tas attire des insectes.

ATTENTION AUX RÉSIDUS

Si vous pensez utiliser des sous-produits pour votre compost, particulièrement les sous-produits de l'industrie du coton, faites attention aux résidus de pesticide ou d'herbicide qui pourraient s'y trouver. Leur présence est souvent négligeable et la chaleur provenant de la décomposition les transformera en éléments naturels et inoffensifs. Mais pensez à cette possibilité avant de décider de mettre ces matériaux dans le tas.

Il y a aussi beaucoup de sources commerciales de matière organique, selon l'endroit où vous vivez. Les restaurants locaux et les supermarchés jettent d'énormes quantités de déchets végétaux. Les bureaux locaux déchiquettent le papier et s'en débarrassent. Les salons de barbier et de coiffure mettent au rebut beaucoup de cheveux humains riches en azote. Les industries locales jettent des tonnes de sous-produits de plantes, comme l'écorce du riz, les restes de coton et de laine, les rejets de la canne à sucre, les résidus de mélasse et de houblon, l'écorce à tan, la peau de raisin, la pulpe de pommes.

Compostage Simple

Le système de production de compost à installer dans votre cour n'a pas besoin d'être compliqué. De toute façon, les débris organiques se décomposeront tôt ou tard, avec ou sans votre aide. La quantité de temps et d'énergie à consacrer au processus dépend de ce que vous voulez en retirer. Lorsque vous aurez commencé à produire du compost, vous constaterez vite que les résultats sont à la mesure des efforts consentis. Il n'y a pas de règle stricte, c'est une question de choix.

Les systèmes de compostage vont du simple au compliqué. Certaines personnes veulent simplement recycler les débris de la cour pour éviter de les voir prendre la filière du site d'enfouissement. C'est une attitude de responsabilité environnementale qui s'avère en outre bénéfique pour leur terrain. Pour ces personnes, le compostage est un moyen d'arriver à leurs fins, une façon de nettoyer la cour. Le compost qui en résulte est un bonus. Les jardiniers qui abordent le compostage de cette manière sont plutôt détendus devant le procédé. Ils laissent à la nature le gros du travail et n'interviennent activement que de temps à autre.

Les jardiniers doués et enthousiastes considèrent le compost comme essentiel à un sol en santé et à un jardin productif. Ils sont impatients et accélèrent la décomposition pour produire le plus de compost possible à chaque saison de culture. Ils cherchent souvent de la matière première au-delà de leur propre terrain. Ils font la rotation des tas régulièrement pour accélérer la décomposition et élaborent les piles de compost en vue d'une efficacité maximale. Pour la personne enthousiaste, le compostage fait partie intégrante du jardinage.

Lorsque vient le temps de fabriquer du compost, la différence principale entre les jardiniers est la fréquence de leur intervention dans le processus naturel. Les jardiniers détendus sont essentiellement des observateurs. Ils adoptent une attitude passive et laissent la nature faire son travail. Cette approche s'appelle le compostage simple. Les jardiniers entreprenants, qui jouent un rôle actif dans le procédé, adoptent plutôt l'autre approche, celle du compostage accéléré.

La plupart des gens se situent entre ces deux extrêmes. L'intensité de votre implication dans le compostage sera fonction du temps et des efforts que vous voulez y mettre. L'espace et la matière première dont vous disposez sont aussi des facteurs qui influent sur votre implication. Votre système de compostage doit convenir à votre situation et l'équilibre en découlant évoluera avec le temps.

Faire un Tas de Compost Simple

Un simple tas de matière organique laissée à la décomposition sans intervention est un bon début dans la pratique du compostage. L'approche passive demande très peu d'entretien. Elle requiert seulement un tout petit peu de temps et d'effort: ramasser les matières organiques, les jeter à l'endroit choisi et attendre qu'elles deviennent du compost. Le compost produit de cette façon est de même qualité que celui fabriqué de manière accélérée.

Ce qui fait la différence entre l'un et l'autre est la façon dont le tas est préparé et surveillé. Un tas de compost simple est une accumulation de feuilles mortes, de mauvaises herbes, de résidus d'émondage, de rognures de gazon (si vous êtes incapable d'en faire un paillis pour la pelouse). Ce tas est habituellement installé quelque part à l'arrière de votre propriété pour un temps indéterminé. En général, on le considère comme le réceptacle des débris de la cour. Avec le temps, la pile se tassera alors que les matières à l'intérieur se décomposeront graduellement. Elle grossira encore lorsque vous y ajouterez quelquefois plus de matière première. Tout ce qu'il faut faire est de creuser au bas du tas de temps à autre afin d'y retirer le compost terminé. Il y a cependant quelques façons de faire qui rendent le compostage simple encore plus facile à réaliser.

La matière ligneuse comme les broussailles, les branches, les vieilles vignes et l'écorce se décomposent si lentement que c'est une bonne idée de les couper en petits morceaux avec des cisailles ou une décortiqueuse. Votre tas ne ressemblera plus à un monceau de broussailles et les morceaux de bois se décomposeront plus efficacement. De plus, les petits morceaux se mêlent mieux avec les autres matières organiques du tas et le processus s'en trouve accéléré. À leur niveau de base, les tas simples sont habituellement découverts et non fermés, ce n'est donc pas une bonne idée d'y déposer des restes de table qui pourraient attirer les mouffettes, les rats ou les chiens.

Sans aide, un tas simple ne produira pas beaucoup de compost pendant les premières années. Typiquement, les tas simples sont surtout de la matière carbonique (brune) mêlée inégalement avec de petites quantités de matière azotée (verte). L'air est raréfié au milieu de la pile et l'humidité se fait rare. Ces facteurs contribuent à ralentir considérablement le processus de décomposition.

Éventuellement, de l'humus fini sera disponible au bas du tas, sous les couches de matière organique, qui auront atteint divers stades de décomposition. Creusez dans le bas de la pile une fois par année, ou enlevez les couches supérieures de matière relativement fraîche pour atteindre le compost. Ensuite, refaites le tas et continuez à y ajouter de la matière. Des tas simples ne produisent généralement que quelques boisseaux de compost fini chaque année, mais ils recyclent les matières organiques de votre propriété efficacement.

FERMER LE TAS SIMPLE: Enfermer le tas dans un contenant ne demande pas beaucoup de temps ni d'énergie. Ceci améliore son aspect et contribue raisonnablement à la décomposition. Les contenants peuvent être complexes ou simples, selon vos besoins. Si vous avez l'intention de laisser le tas se décomposer sans intervenir, la dimension et le format du contenant ne sont pas importants. Les dimensions les plus efficaces cependant varient de 90 cm X 90 cm X 90 cm à 1,50 m X 1,50 m X 1,50 m. Même à l'état libre, les tas de ces dimension se décomposent plus rapidement que ceux plus gros ou plus petits.

MATÉRIAUX SUGGÉRÉS POUR BÂTIR UN ENCLOS À TAS SIMPLE

Broche à poule
Tissu de quincaillerie
Briques empilées, parpaings, pierres
Palettes d'expédition
Treillis
Vieille clôture/Clôture à neige
Tuiles pour le drainage

Une chose plus importante que la dimension est d'empiler la matière sans trop la comprimer. Que le tas augmente avec le temps ou qu'il soit fait tout d'un coup, n'empilez pas les matières de façon trop compacte.

Les organismes dans les tas simples disposent de peu d'air et vous ne voudrez donc pas retarder la décomposition en comprimant le tas encore plus.

Un contenant de base consiste en un enclos fermé sur trois côtés et non couvert. Les ouvertures du contenant vous permettent d'ajouter facilement des éléments, de creuser à la base et de recouvrir le compost fini. Les piles simples réussissent bien dans une cage cylindrique en broche ou un enclos en parpaings, si ces derniers peuvent être enlevés ou ouverts facilement. L'ajout d'un couvercle est optionnel puisque la rapidité n'est pas essentielle dans un tas simple. Il n'y a pas lieu d'y maintenir une température élevée ni de le protéger de la pluie.

AIDER LE TAS SIMPLE: Parce que ce procédé produit du compost lentement, vous pourrez être tenté de donner un coup de pouce à la décomposition. Un travail minime peut rendre le processus beaucoup plus efficace. De nombreuses techniques accélèrent la décomposition sans nécessiter trop d'efforts physiques. Pour y parvenir, il faut s'assurer de la présence des quatre éléments essentiels suivants: l'air, l'humidité, le carbone, l'azote.

AJOUTER DE L'AIR: Bien qu'ils soient sur place pour des mois sinon des années, les tas simples ne disposent que d'une petite quantité d'air à l'intérieur pour aider les organismes à activer la décomposition. Si davantage d'air est introduit au centre du tas, tout le processus est accéléré. Le truc est de créer un accès pour l'air sans y consacrer trop de temps ni faire beaucoup d'efforts pour mêler ou retourner le tas. Il y a des alternatives pour introduire de l'air dans une pile simple. Elles consistent à pratiquer des orifices dans le tas ou à construire un cadre autour pour que les matières empilées ne soient pas comprimées lorsque le tas grossit.

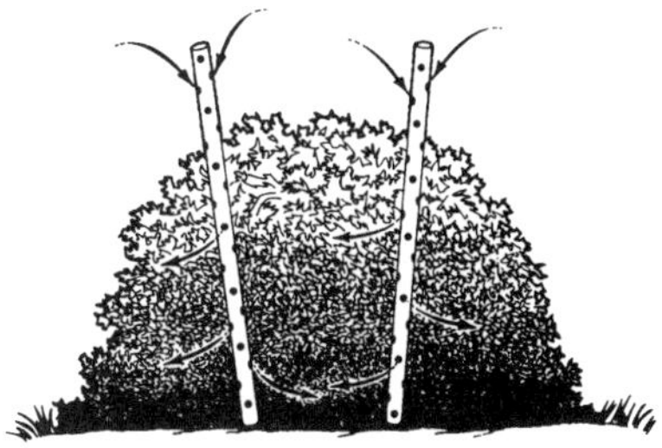

Injecter de l'air dans un tas simple au moyen de tuyaux accélère la décomposition.

Une méthode consiste à placer deux ou trois pieux solides à travers un tas libre lorsqu'il est à moitié construit et ensuite d'en placer d'autres lorsqu'il est aux trois quarts terminé. Lorsque la pile se tasse et se comprime, les extrémités des pieux qui dépassent peuvent être roulés ou secoués pour agiter la pile un peu, ce qui stimule l'activité microbienne.

Installer un tas simple sur une palette de transport permet à l'air de pénétrer le tas par le dessous et facilite la récolte de compost fini.

Une autre façon consiste à installer à la verticale un ou des tuyaux perforés en PVC (comme ceux employés par les plombiers) dans le centre du compost de manière à ce qu'ils dépassent du haut du tas au fur et à mesure que celui-ci montera. Ceci procure un conduit permanent qui amène l'air au centre du tas. Une variation de cette technique consiste à rouler une clôture à neige et à l'installer de la même façon.

Installer le tas au-dessus du sol contribue aussi à l'aérer. La façon la plus efficace consiste à bâtir le tas sur une palette de transport industriel. Si vous combinez ce système avec l'installation de tuyaux verticaux en PVC, le tas peut donner du compost fini en six ou huit semaines.

RÉDUIRE LA DIMENSION DES PARTICULES: Les organismes responsables de la décomposition travaillent à la surface des matières organiques présentes dans le tas. Ils peuvent agir plus rapidement et efficacement si une plus grande surface leur est offerte. Prendre le temps de couper, hacher ou déchiqueter les matières organiques avant de les déposer sur le tas est une des meilleures méthodes d'accélération de la décomposition.

Puisque les ajouts sur un tas simple se font souvent au hasard, le carbone et l'azote se retrouvent souvent en mottes séparées dans le tas. Si la matière est déchiquetée en pièces de grosseur uniforme et mieux mêlée, la décomposition se fera de façon plus égale à travers le tas sans avoir à le tourner ou à le mêler.

On peut hacher ou déchiqueter la matière pour le tas de diverses façons. Parfois tout ce qu'il faut ce sont des cisailles ou un élagueur pour couper les branches, les broussailles et les vignes en morceaux de 8 ou 10 cm de long. Les feuilles peuvent être facilement broyées en tondant la pelouse. Si vous avez une tondeuse munie d'un sac et qui fait du paillis, tondez les feuilles là où elles se trouvent et videz le sac sur le tas. Des aspirateurs déchiqueteurs ramassent les feuilles et les broient pendant qu'elles sont aspirées dans un sac sur votre épaule. Des tailleurs de mauvaises herbes à fil de nylon (voir page 71) font du bon travail de déchiquetage de feuilles. Il suffit de mettre les feuilles dans une grande poubelle et d'utiliser le tailleur comme un mélangeur.

Enfin, lorsque vous faites le grand ménage de la cour, il peut valoir la peine de louer ou d'emprunter une défibreuse/déchiqueteuse. Passez simplement les débris dans la machine et versez-les sur le tas.

AJOUTER DES ORGANISMES DE DÉCOMPOSITION: Les tas simples sont des environnements riches pour l'alimentation et la reproduction des micro-organismes de température froide qui décomposent la matière. Les débris organiques déposés dans un tas de compost contiennent déjà un certain nombre de ces bactéries. La plupart sont dormantes, attendant d'être stimulées par l'air, l'humidité, le carbone et l'azote pour passer à l'action.

Une théorie veut que plus il y a d'organismes présents, plus rapide sera la décomposition. Si vous désirez activer l'action dans votre tas simple, l'addition de plus d'organismes pourra y contribuer. Incorporez quelques pelletées de terre régulière sur le tas de temps à autre avec l'ajout de matière et vous introduirez ainsi plus d'organismes qui seront heureux de se mettre sous la dent de la nouvelle matière organique. Il en résulte souvent une explosion de population. Une poignée de terre, même médiocre, contenant un peu d'humus recèle des milliards de microbes prêts à faire leur travail. Au lieu de mettre de la terre, vous pouvez recycler une partie de votre compost fini en le remettant dans le tas pour arriver au même résultat.

AJOUTER DES PRODUITS COMMERCIAUX BIOACTIVATEURS: Si vous visitez les centres horticoles ou que vous recevez des catalogues d'achat par courrier de produits de jardinage, vous êtes probablement au courant des nombreux produits d'accélération du compost disponibles sur le marché. Appelés activateurs ou catalyseurs, ils sont une combinaison d'organismes microbiens, d'enzymes et d'autres composants naturels impliqués dans le processus complexe de la décomposition. Ils sont généralement empaquetés sous une forme sèche à être répandue occasionnellement sur le tas alors que vous ajoutez des dépôts de débris organiques de la cour. L'humidité à la surface des débris stimule les organismes qui se mettent rapidement à l'oeuvre.

AJOUTER DES VERS: Parce qu'il ne chauffe pas, le tas de compost simple attire normalement beaucoup d'invertébrés qui contribuent à la décomposition, comme les mille-pattes, les cloportes, les vers de terre. Ces petites bêtes se promènent dans le tas et aident à la décomposition de la matière organique. Dans une semaine ou deux, par température chaude, un nouveau tas deviendra le refuge d'une grande quantité de ces petits travailleurs. Cependant, si vous croyez qu'ils ne sont pas suffisamment nombreux, vous pouvez ajouter davantage de vers de terre. Une façon de faire est de ramasser les vers du jardin et de les ajouter au tas. Les vers pour la pêche s'adaptent aussi facilement au tas de compost.

Certains vers spéciaux sont élevés pour le compost en raison de leur grande efficacité dans la décomposition de la matière organique. On les appelle tortilleurs rouges ou vers rouges à compost et on peut se les procurer par commande postale. Ils ne peuvent survivre dans une terre régulière et doivent être transférés dans de la matière organique fraîche lorsque la décomposition du tas est presque terminée. Autrement, ils mourront de faim. Ce sont les mêmes vers que ceux qui sont vendus avec les ensembles à compost pour décomposer les déchets (voir page 114).

AJOUTER DE L'AZOTE: La matière du tas de compost simple est surtout composée de carbone. À n'importe quelle étape, la quantité

PRÉVENIR LES PROBLÈMES DU TAS DE COMPOST SIMPLE

PROBLÈME	SOLUTION
Mauvaise odeur	Éviter de mettre trop de matière riche en azote; couvrir avec de la matière carbonique (brune)
Amas de feuilles	Couper ou déchiqueter les gros morceaux avant d'ajouter au tas
Mottes, branches	Couper ou déchiqueter les gros morceaux avant d'ajouter au tas
Pousses de mauvaises herbes	Éviter de mettre des mauvaises herbes qui germeront dans le tas
Visiteurs à quatre pattes	Utiliser seulement de la matière ligneuse; ne pas déposer de déchets alimentaires

Pour en savoir davantage sur les problèmes du tas de compost, voir RÉSOUDRE LES PROBLÈMES DE COMPOSTAGE (pages 105-117).

de feuilles, de branchages, d'écorce et autres débris de bois est beaucoup plus importante que les herbes vertes et les déchets de cuisine qui procurent de l'azote. La décomposition est souvent excessivement lente parce qu'il y a peu d'azote pour stimuler l'activité des organismes. Une façon simple de rééquilibrer le tout est de passer les pelures de fruits et de légumes au robot culinaire et de les liquéfier avec de l'eau, puis de les verser sur le tas. Leur pénétration en sera facilitée, ce qui uniformisera le mélange de carbone et d'azote et accélérera la décomposition.

Autres Méthodes de Fabrication de Compost Simple

Si vous avez seulement une petite quantité de déchets organiques ou une très petite propriété avec un espace limité pour le compostage, il y a d'autres manières simples de faire du compost. Faire du compostage par couches est un système qui demande d'étendre de la matière organique nouvelle directement dans le jardin, en couches minces, sans l'empiler. Mettez une couche de 5 à 8 cm de feuilles hachées directement sur le sol de votre plate-bande et ajoutez, si vous en avez, une couche de rognures de gazon par-dessus. Vous pouvez mêler la matière au printemps ou la laisser telle quelle pour l'hiver. Les vers de terre et autres microbes du sol se chargeront de la décomposition.

Certains jardiniers disposant de peu d'espace creusent des trous dans les plate-bandes et les remplissent de déchets et de débris de la cour, finement coupés. Couverts de terre, ces petits tas se décomposent graduellement et fertilisent le jardin sans demander d'effort supplémentaire au jardinier. Essayer cette méthode dans des endroits qui ne recevront pas de plants immédiatement.

Compostage accéléré

Le compostage simple est une méthode relativement efficace de recyclage des débris organiques, mais ce n'est pas l'idéal pour produire de grandes quantités de compost. Les tas simples se décomposent à leur propre rythme et produisent du compost en petite quantité, qui convient incidemment à l'amélioration du sol. Pour obtenir des résultats plus significatifs, de grandes quantités de compost sont nécessaires et on y parvient par un système de compostage accéléré.

Vous constaterez peut-être qu'il vaut la peine de consacrer plus de temps et d'efforts au processus de compostage, afin d'en retirer de meilleurs résultats. Si vous êtes prêt à activer le processus de décomposition de votre tas, en intervenant de diverses façons pour le rendre plus efficace, vous récolterez beaucoup plus de compost pour améliorer votre terre.

La différence principale dans le procédé de décomposition entre un tas simple et un tas accéléré est la température de l'environnement. Dans un tas accéléré, vous manipulez les matières afin que le centre se réchauffe suffisamment pour stimuler l'activité des organismes thermophiles très efficaces (voir page 10). En résumé, pour faire du compost accéléré, il faut aider le tas à cuire. Vos efforts consisteront à garder les organismes actifs et à maintenir une température interne élevée aussi longtemps que possible. La première chose à faire est d'insuffler régulièrement de l'air dans les matières empilées, de façon à aider les organismes aérobiques (respirant de l'air).

Au fur et à mesure que le tas de compost se décompose, ces organismes consomment l'air disponible à la base; lorsque la quantité d'air diminue, le niveau de décomposition et de température baisse. En ajoutant alors de l'air au tas en le tournant ou en le mélangeant, les organismes seront à nouveau stimulés et redeviendront actifs. Pour réussir un tas de compost accéléré, l'aération est fondamentale. En combinant cette méthode à d'autres techniques il est possible de réaliser une décomposition si efficace que du compost pourra être récolté après quelques semaines seulement.

LE POUR ET LE CONTRE DU COMPOSTAGE ACCÉLÉRÉ

Avant de plonger tête première dans la fabrication du compost accéléré, il est important de peser les avantages et les inconvénients de cette façon de faire par opposition au compostage simple. L'inconvénient principal est évident dès le départ: l'implication dans le processus de décomposition demande beaucoup plus de temps et d'énergie. Vous devez accumuler et vous occuper de plus de matières tout en faisant régulièrement la rotation du tas. Les tas demanderont plus d'espace parce que vous en aurez sûrement plusieurs, un qui chauffe et d'autres qui servent à empiler la matière organique non préparée. Vous aurez besoin d'équipement, ce qui exige un investissement financier.

Si le but poursuivi est de produire suffisamment de compost pour améliorer le sol de tout votre terrain, le compostage accéléré devient avantageux. Le résultat donnera plus de compost plus rapidement.

CONSTRUIRE UN TAS DE COMPOST ACCÉLÉRÉ

Si vous avez l'intention de prendre en main l'opération du compostage accéléré, vous devrez bâtir votre tas avec plus de soin et ainsi assurer une décomposition plus rapide. Il n'y a pas de règles strictes, mais l'accumulation au hasard de débris organiques amoncelés ne donnera pas une production très efficace.

Une série de contenants identiques placés en rangée facilitent le compostage.

Plusieurs jardiniers bâtissent leurs tas graduellement avec la matière déjà disponible. Durant la plus grande partie de l'année, cependant, il n'y a pas suffisamment de débris organiques sur le terrain pour fabriquer un gros tas d'un coup. Il en résulte une augmentation légère de la pile par additions périodiques. Puisque les feuilles sont le matériel organique le plus abondant dans plusieurs cours, elles constituent la plus grosse partie du tas en tout temps. Ces tas sont habituellement plus petits que la dimension optimale et sont essentiellement des tas simples en attente de changement de statut. Bien que les tas qui se font par la force des choses se décomposeront (surtout si vous suivez les étapes de travail décrites ci-dessous), cette méthode n'est pas aussi efficace qu'elle devrait l'être.

Il est conseillé de créer, si possible, un tas complet dès le départ. Idéalement, vous voudrez bâtir vos tas à leur dimension optimale en une fois, à partir de matières que vous aurez conservées et emmagasinées dans un amoncellement ou dans des sacs à déchets, jusqu'à ce que vous en ayez suffisamment. L'entreposage demande plus d'espace (voir pages 56-57), mais vous pouvez avoir des matières contenant du carbone et d'autres contenant de l'azote prêtes en même temps. Les matières devraient être en quantité suffisante pour faire une masse critique afin d'obtenir une décomposition efficace, soit environ 90 cm X 90 cm X 90 cm ou 1,22 m X 1,22 m X 1,22 m.

Contrairement à l'avis de certains experts, il n'est pas nécessaire de bâtir un tas en alternant les couches de matières vertes et brunes. Il n'est pas non plus nécessaire d'y ajouter d'autres ingrédients. L'addition de couches de fertilisants, d'une couche de surface, de chaux ou d'un activateur ne fait pas de mal, mais c'est un effort et une dépense non nécessaires Il y a déjà de nombreux organismes dans le tas et ils ont beaucoup à manger. S'ils reçoivent l'air et l'humidité dont ils ont besoin, ils s'arrangeront pour que même les matières les plus acides deviennent neutres en pH.

Une façon de faire consiste à couper la matière en petits morceaux qui offriront ainsi plus de surface. Ces petits morceaux se décomposent au même rythme et assurent une transformation uniforme. Assurez-vous de construire la pile de façon à ce qu'elle ne soit pas compacte. S'il y a beaucoup de bulles d'air, elles accéléreront l'activité des organismes chargés de la décomposition.

Rappelez-vous que la décomposition nécessite du carbone, de l'azote, de l'air et finalement de l'humidité. Si vous possédez un tas qui augmente progressivement (plutôt que construit tout d'une pièce), laissez-le ouvert à une faible pluie de temps à autre pour humidifier les ingrédients suffisamment, jusqu'à ce qu'ils soient couverts par d'autres matières. Cependant, couvrez le tas si la pluie est forte, car elle refroidirait la température qui augmente au centre.

Si vous construisez la pile d'un seul coup, la meilleure façon d'en assurer l'humidité est d'y mettre de la matière humide. S'il n'a pas plu récemment, mouillez la matière entreposée ou le contenu des sacs de déchets à l'aide d'un boyau d'arrosage avant d'ajouter cette matière au tas. Ce dernier doit être humide mais pas détrempé. Lorsque le tas est construit, couvrez-le pour le protéger de la pluie. Vous devrez peut-être enfermer tout le tas.

Une accumulation qui incorpore les ingrédients essentiels et qui a les bonnes dimensions commencera à cuire presque immédiatement. Après un jour ou deux, si vous mettez votre main vers le centre, vous serez capable de sentir la chaleur. Le truc c'est de le laisser cuire jusqu'à ce que toute la matière soit transformée en humus. Si tout va bien, les organismes au centre de la pile assimileront tout l'air disponible en quelques jours et leur activité cessera graduellement. Il vous reviendra alors d'activer le processus en faisant la rotation du tas.

ROTATION DU TAS: La chose la plus importante à faire pour assurer une décomposition efficace des matières premières est de tourner le tas. Ceci donne de l'énergie aux organismes de décomposition en leur fournissant de l'air nouveau et de nouvelles matières sur lesquelles travailler.

Un compost qui cuit se stabilise lorsque la matière située au centre se décompose. Dans une semaine ou deux, son volume peut diminuer de 30 % à cause de cette activité autant que par la gravité normale. La matière qui se stabilise force l'air à l'extérieur de la pile qui devient très dense. La rotation du tas l'étale, l'aère et renouvelle l'activité de décomposition.

Il existe des techniques variées de rotation du tas. Si l'espace est limité, une méthode consiste à brasser simplement la matière entassée sur place. Essayez de mêler l'extérieur, où se trouvent des particules organiques relativement peu manipulées, en l'intégrant vers l'intérieur. En même temps, amenez le compost cuit vers les côtés plus frais du tas.

Des outils conçus pour aérer le compost rendent ce travail plus

L'ACCÈS À LA MATIÈRE PAR LES ORGANISMES

Un des avantages associés à la rotation du tas de compost, outre celui d'insuffler l'oxygène nécessaire à la vie microbienne du tas, est de mêler différents genres de micro et de macro-organismes dans la matière. Assurez-vous que ce qui était à l'extérieur va à l'intérieur et vice-versa, afin que chaque type d'organisme ait accès à tout le tas. C'est ce qui explique pourquoi un tas qui a été retourné une ou deux fois produit un compost à la texture beaucoup plus uniforme.

facile, mais ils ne sont pas essentiels. L'outil typique d'aération est un pieu d'environ 1,22 m de long muni d'une extrémité pointue. Après avoir inséré profondément le pieu dans le centre du tas, retirez-le un peu et bougez-le pour agiter la matière. Cet outil injecte de l'air au centre mais cette technique n'est pas aussi efficace que de refaire des piles. Les outils d'aération sont difficiles à utiliser si le tas est devenu très comprimé, laissant peu d'espace pour insérer le pieu. Une fourche à fumier est le meilleur outil pour retourner et aérer un tas comprimé.

Mélanger un tas sur place demande beaucoup d'effort physique et ne mêle pas très bien les matières. Certains enthousiastes du compost tournent leurs piles en sortant les matières du contenant ou du tas, pour ensuite les mettre de côté et les retourner dans leur espace premier ou dans le contenant. Cette façon de procéder atteint son but, mais oblige à faire le travail en double et exige beaucoup d'énergie physique pour remuer deux fois ce volume de matière organique.

La façon habituelle de retourner le tas de compost est de pelleter la matière en l'accumulant sur un nouveau tas, à côté du premier. Le simple fait de remuer la matière organique et de la rejeter dans un autre endroit mêle les éléments et insuffle de l'air. La nouvelle pile devient celle qui est

Les contenants à compost fonctionnent en intervertissant les trois étages du tas, permettant ainsi l'aération et l'accès au compost fini.

MATIÈRES COMMUNÉMENT UTILISÉES POUR LE COMPOSTAGE

MATIÈRES RICHES EN AZOTE Elles ne doivent pas être utilisées isolément pour le compostage; elles nécessitent l'ajout de certaines matières carboniques pour équilibrer leurs forts niveaux d'azote.

MATIÈRE	SOURCE DE	RATIO C/N	% D'AZOTE
Déchets de cuisine non traités	N	12-25 à 1	1-2
Fumier de cheval	N	25 à 1	2,3
Fumier de poulet	N	7-10 à 1	3,2
Fumier de vache	N	18 à 1	1,7
Gazon coupé	N	12-25 à 1	1-2
Luzerne	N	13-20 à 1	2,5-3
Marc de café	N	20 à 1	2
Os broyés	N	3 à 1	B-2
Restes de poisson	N	5 à 1	2-8
Urine humaine	N	8 à 1	15-18

MATIÈRES POSSÉDANT À LA FOIS DU CARBONE ET DE L'AZOTE Elles se décomposeront efficacement si elles sont mêlées à d'autres matières fortes en carbone et en azote.

MATIÈRE	SOURCE DE	RATIO C/N	% D'AZOTE
Algues lavées	C/N	19 à 1	1-2
Feuilles	C/N	30-80 à 1	B-1
Fumier pourri	C/N	20 à 1	1-5
Mauvaises herbes fraîches	C/N	18 à 1	B-2

MATIÈRES FORTES EN CARBONE Elles se décomposeront bien si elles sont mêlées à des matières fortes en azote.

MATIÈRE	SOURCE DE	RATIO C/N	% D'AZOTE
Foin	C	58 à 1	,85
Paille d'avoine	C	80 à 1	1,05
Paille de blé	C	128 à 1	,3
Papier	C	150-200 à 1	—
Papier journal déchiqueté	C	800 à 1	,05
Parcelles de bois	C	700 à 1	B
Sciure de bois ancienne	C	208 à 1	,25
Sciure de bois fraîche	C	500 à 1	1

active, l'endroit initial sert d'espace d'entreposage et vous avez manipulé la matière une fois seulement!

Si vous fermez votre tas, la conception de l'enclos est importante. Il sera plus pratique si une ouverture est prévue à l'avant afin de pouvoir accéder au contenu. Un contenant bien conçu se défait facilement ou peut simplement être soulevé et déposé à côté pour avoir accès au contenu. Une série de contenants (deux ou trois en ligne permettant un accès par le devant et par le dessus) est un procédé qui assure un empilage ou une rotation propre et facile. Vous pouvez même garder deux tas qui cuisent à des stades différents de décomposition et les déplacer en rotation. Il n'y a pas de règle stricte pour la rotation du tas. Vous pouvez décider de le retourner plus d'une fois. Par exemple, une semaine ou deux après la première rotation, alors que le tas commence à refroidir, le moment est indiqué pour le tourner à nouveau. Si les matières ne sont pas encore converties en humus, une aération supplémentaire pourra accélérer le processus. Lorsque vous tournez le tas une seconde fois, vous verrez que presque toute la matière organique est devenue uniforme, de couleur brun foncé et humide. L'exception est une couche de 10 à 15 cm de matière grise et poudreuse

CONTRÔLER LA TEMPÉRATURE

Le véritable obsédé tirera profit de l'observation des méthodes commerciales de production du compost. Afin de récolter un compost de haute qualité le plus rapidement possible, les jardiniers professionnels ont découvert que la décomposition s'effectue plus efficacement si la température interne du tas se maintien toujours entre 40 ° et 55 °C. Puisque les jardiniers amateurs effectuent la rotation du tas à l'occasion seulement, la température peut monter jusqu'à 65 °C pour ensuite chuter naturellement et graduellement à environ 38 °C, tout juste avant que le tas ne soit retourné une seconde fois. C'est le résultat de l'ajout d'air qui rafraîchit temporairement le tas. L'expérience des jardiniers professionnels illustre la pertinence d'effectuer une rotation plus tôt dans le processus, soit dès que le thermomètre indique 55 °C. L'intervention fréquente maintient une température optimale plus longtemps et fournit du compost prêt en trois semaines environ.

juste en dessous de la mince croûte extérieure des débris non transformés. C'est une zone où les champignons de température froide sont particulièrement actifs.

Lorsque vous creusez le tas, la matière au centre peut être encore suffisamment chaude pour produire de la vapeur au contact de l'air frais ambiant. Si toutes les matières ont été entièrement mêlées dans la pile, retournée préalablement une fois ou deux, celle-ci refroidira pour de bon. Ceci se produit parce que les organismes ont converti la matière en humus et qu'ils n'ont plus rien à faire. C'est alors le temps de récolter le compost et de commencer un nouveau tas.

ÉQUILIBRER LE RATIO CARBONE/AZOTE (C/N): Un tas ne comportant que des matières carboniques et disposant de l'air et de l'humidité nécessaires se décomposera éventuellement. Cependant, même en ajoutant seulement un peu de matières azotées (vertes), le processus en sera très stimulé. Il ne faut pas ajouter beaucoup d'azote pour accélérer la décomposition de manière spectaculaire.

Si vous travaillez beaucoup le tas, vous voudrez voir combien d'azote est présent par rapport au volume de matières carboniques. Ces proportions sont souvent appelées le ratio carbone/azote (C/N). Un ratio de 30 à 1 (matières de carbone vs azote) est adéquat et un tas chauffera à la température souhaitée si ce ratio est maintenu.

Si vous voulez un tas qui chauffe plus rapidement et à un degré plus élevé, ajoutez plus de matières azotées. Un ratio de 20 à 1, par exemple 20 sacs de feuilles hachées pour un sac de mauvaises herbes hachées ou de rognures de gazon, accélérera le processus. Vous pouvez réduire le ratio jusqu'à 5 à 1, mais on ne recommande pas de descendre plus bas car le tas commencera à se putréfier.

Il faut éviter d'utiliser plus d'azote que nécessaire pour alimenter le processus de décomposition. Les matières vertes sont en général moins abondantes, mais il est préférable d'en utiliser autant que vous le pouvez pour promouvoir des températures optimales. Bien entendu, trop d'azote dans un tas détruit le processus normal de décomposition en comprimant le tas en un amoncellement anaérobie qui se putréfiera rapidement. Une odeur désagréable est révélatrice d'une trop grande quantité d'azote.

TUER LES SEMENCES DE MAUVAISES HERBES ET LES ÉLÉMENTS PATHOGÈNES

La rotation du tas lui permet de cuire et de produire du compost plus rapidement. L'autre raison importante justifiant la rotation du tas est qu'elle permet de tuer les semences de mauvaises herbes et les éléments pathogènes présents dans les matières organiques.

Afin d'y parvenir, la température interne de la pile devrait atteindre au moins 55 °C pendant un jour ou deux. Pour maintenir de si hautes températures, il est important d'avoir suffisamment d'azote (N) dans le tas pour alimenter la décomposition. Si un tas est presque entièrement composé de carbone (C), comme c'est le cas avec des feuilles hachées et une petite quantité de mauvaises herbes fraîches (90 à 1), il ne chauffera pas suffisamment pour tuer les semences d'herbes et les éléments pathogènes.

Alors que presque tous les éléments pathogènes mourront lorsque soumis à une température d'environ 55 °C pendant 10 à 15 minutes, certaines semences de mauvaises herbes nécessiteront des températures oscillant entre 60 ° et 65 °C pour être complètement détruites. Un bon ratio C/N nécessaire à l'obtention de ces températures va de 20 à 1 jusqu'à 40 à 1.

UTILISER LES DEUX MANIÈRES

La gestion du compostage nécessite l'accomplissement de toutes les étapes mentionnées précédemment. Certains jardiniers se contentent d'intervenir sporadiquement en retournant le tas à l'occasion ou en ajoutant plus de matières azotées si le tas ne chauffe pas suffisamment vite. D'autres, plus enthousiastes, adorent participer activement au processus. Ils veulent généralement recueillir le plus de compost possible dans un court laps de temps et ils sont prêts à amasser et à travailler toute la matière première nécessaire. Ils s'impliqueront au maximum pour rendre l'opération efficace.

Le compostage est une activité individuelle. Si vous vous sentez prêt à aller jusqu'au bout, planifiez votre système et faites l'acquisition de l'équipement qui vous permettra de contrôler la décomposition du début à la fin.

Commencez en accumulant les matières hors saison jusqu'à ce que vous en ayez suffisamment pour construire un tas de 1,22 m X 1,22 m X 1,22 m, au printemps, dans un contenant couvert.

Une opération complète de compostage accéléré nécessite une série de trois contenants, un espace d'entreposage et un ensemble d'outils et d'appareils pour le déchiquetage et la rotation du compost.

Pour être le plus efficace possible, hachez les matières et mêlez-les pour obtenir un ratio de C/N d'environ 30 à 1. Si vous voulez employer un bioactivateur commercial, c'est le temps de le faire.

Avec un thermomètre à compost, vérifiez la température au centre de la pile. Lorsqu'elle se situe entre 55 ° et 65 °C (contentez-vous de la température la plus basse si vous n'avez pas à vous préoccuper des semences de mauvaises herbes ou des éléments pathogènes), retournez le tas. En ajoutant un peu plus d'azote vous augmenterez la chaleur.

À ce stade, vous voudrez passer tout le tas à la déchiqueteuse encore une fois pour réduire la grosseur des particules et les mêler complètement à tous les étages du tas qui sont à des niveaux de décomposition différents. (Les vers de terre, qui auront probablement envahi le tas après sa composition initiale, ne survivront pas au déchiquetage.)

Si vous activez suffisamment la décomposition, vous obtiendrez plusieurs boisseaux de compost fini en quelques semaines. Et si vous avez assez de matière première, d'espace et d'énergie, vous pourrez activer plusieurs tas simultanément et ainsi doubler et tripler votre production.

EMPLACEMENTS *DE* COMPOSTAGE

La localisation du tas de compost devrait être votre première préoccupation. Il faut choisir un endroit pratique qui ne dérange pas. Ces deux exigences sont parfois en contradiction, mais il est possible de trouver un bon endroit dans la plupart des arrière-cours. Dans bien des cas, la dimension de votre cour sera le facteur décisif. Un espace plus grand ne signifie pas toujours une plus grande facilité.

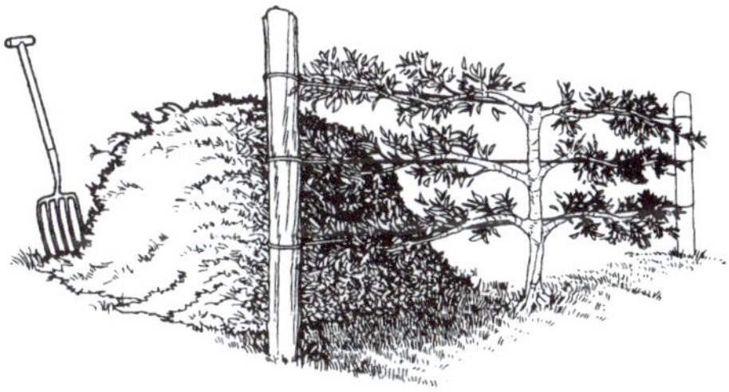

Le problème de localisation est habituellement plus facile à résoudre dans les plus petites cours, où l'espace est limité. Il y a moins d'endroits disponibles et la plupart seront faciles d'accès. Des plantes de jardin et des éléments décoratifs peuvent masquer efficacement le tas, même s'il est assez près de la porte arrière ou du jardin. Une autre option, lorsque la cour est petite, consiste à persuader votre voisin de partager le tas. En le situant entre les deux propriétés, on le rend accessible de part et d'autre tout en conservant plus d'espace pour chacune des familles.

Votre décision sera influencée par votre désir de vous en tenir à un tas simple ou de tenter l'expérience du compostage accéléré. Dans l'incertitude, choisissez un lieu pour un tas simple qui pourra être agrandi si vous décidez éventuellement de prendre de l'expansion. Un autre choix logique est d'installer le tas près d'un endroit de travail déjà établi. Toutes les cours ont un ou deux endroits utilitaires servant à entreposer les poubelles, les outils, les chariots, les pots de fleurs. Sans égard à la dimension et à la complexité de votre activité de compostage, vous devriez considérer cette dernière comme faisant partie de l'aire utilitaire et situer le tas à cet endroit.

RÈGLES GÉNÉRALES

Assurez-vous de localiser les tas de compost et les contenants sur la terre et non sur une surface pavée. Ceci assure le drainage. Les vers de terre et les microbes qui vivent dans le sol peuvent migrer vers le tas et contribuer à sa décomposition. Les lieux de compostage doivent être plats. Si l'espace est rare, installez le tas de compost sur le sol plat et rangez les matières premières ailleurs, tout près, dans un espace inégal ou sur un terrain en pente.

En planifiant un espace destiné au compostage, n'oubliez pas que vous y travaillerez. Vous aurez besoin d'accéder à un chariot ou à une brouette et vous devrez pouvoir vous mouvoir autour du tas au

En planifiant un lieu de compostage, il faut d'abord allouer suffisamment d'espace pour pouvoir y travailler et y ranger un chariot et une brouette.

fur et à mesure que vous le bâtirez. Ce n'est pas essentiel de clôturer l'espace, mais il doit être fermé à l'accès et à la vue des passants, surtout aux enfants du voisinage. Il est bon de prévoir de l'espace pour des plantes ou des paravents afin de dissimuler ce lieu.

PLANTES FAISANT UN PARAVENT AU COMPOST

ARBUSTES

Azalée (*Rhododendron* spp.)
Cotonéaster (*Cotoneaster* spp.)
Épine-vinette (*Berberis* spp.)
Forsythia (*Forsythia* spp.)
Houx japonais (*Ilex crenata*)
Rhododendron (*Rhododendron* spp.)
Troène (*Ligustrum* spp.)
Viorne (*Viburnum* spp.)

VIGNES

Capucine rampante (*Tropaeolum majus*)
Chèvrefeuille (*Lonicera* spp.)
Clématite (*Clematis* spp.)
Kiwi (*Actinidia deliciosa*)
Lablab (*Lablab* spp.)
Liseron pourpre (*Ipomoea alba*)
Pois de senteur (*Lathyrus odoratus*)
Renouée (*Polygonum aubertii*)
Vigne vierge (*Parthenocissus quinquelofia*)

VIVACES

Eupatoire (*Eupatorium maculatum*)
Fougère autruche (*Matteuccia struthiopteris*)
Macleaya (*Macleaya* spp.)
Tournesol (*Helianthus* spp.)

La localisation d'un tas au soleil ou à l'ombre ne modifie pas la décomposition pour la peine. La chaleur du tas est causée par son contenu plus que par son exposition à la lumière. Cependant, un fort soleil peut sécher la partie extérieure du tas, surtout s'il ne se trouve pas dans un contenant. Cette situation se présentera plutôt dans des régions chaudes et arides, où la déshydratation est un problème. Ailleurs, les propriétaires préfèrent utiliser les endroits ensoleillés pour y planter des fleurs ou des arbustes. Toutefois, si le seul endroit approprié de votre cour est ensoleillé, utilisez-le.

Un peu d'ombre peut constituer un réel avantage pour le compostage. Si le lieu est ombragé durant une partie de la journée, le travail sera moins pénible pour la personne qui y oeuvre durant l'été. Si l'arbre qui donne l'ombrage est à feuilles caduques, vous avez le meilleur des deux mondes. Il ombragera le tas en été et lorsque les feuilles tomberont en automne, il permettra au soleil de maintenir la température un peu plus longtemps jusqu'à l'hiver.

L'ombre des arbres est bénéfique durant les périodes de chaleur intense, mais leur proximité du tas de compost peut s'avérer problématique. Les racines des arbres, à la recherche de nourriture, peuvent commencer à pousser vers la surface de la terre où un humus riche se forme au bas du tas. Et les racines nourricières profondément enfouies, qui préfèrent surtout se trouver dans les 30 cm supérieurs du sol, pourront se mettre à ramper vers la surface en quête d'air.

Les racines de certains arbres sont plus actives que d'autres et s'infiltreront dans les tas de compost. Les pires systèmes racinaires sont ceux appartenant aux arbres suivants: ailanthe, aune, caroubier, eucalyptus, saule et sequoia. Vous pouvez prévenir l'envahissement des racines si vous déplacez le tas de compost de temps à autre. Ceci devrait aussi être fait pour le lieu du tas d'entreposage; au fur et à mesure que vous récoltez et commencez un autre tas, essayez d'en varier l'emplacement. Le déplacement du contenant de quelques centimètres, lorsque vous faites la rotation du tas actif, peut empêcher l'envahissement des racines tenaces.

Évitez d'installer le tas près d'un édifice, d'un mur ou d'une clôture. Ces positions limitent la circulation d'air autour du tas. Si le mur est en bois, la présence d'organismes de décomposition dans le tas voisin en activera la pourriture. Le poids et l'humidité constante du tas affectera la surface, même pendant une courte période de temps.

Il faut aussi penser à installer le tas de façon à ce que le vent ne souffle pas l'odeur vers la maison ou les voisins. Du compost formé de beaucoup de matières carboniques et de peu de matières azotées sent rarement. Parfois, le ratio C/N peut être dérangé, surtout dans un tas simple formé de matière organique peu mêlée. Si un paquet de mauvaises herbes fraîches est déposé sur le tas, il se décomposera de façon anaérobie et dégagera une odeur jusqu'à ce que vous le mêliez à de la matière carbonique.

L'exposition à de forts vents n'est pas nécessairement un avantage pour le tas de compost. Quel que soit le degré d'aération atteint grâce à un emplacement situé dans un endroit venteux, l'avantage sera vite contrebalancé par le dessèchement de la pile. Puisque vous brassez suffisamment de poussière et de débris lorsque vous retournez le tas, le vent n'est pas nécessaire.

EMPLACEMENT D'UN TAS SIMPLE: Sa dimension sera habituellement en relation avec la dimension de la cour. Parce qu'il sert de réceptacle à la matière organique de votre cour, la dimension du tas est rarement démesurée par rapport à votre propriété. Lorsque vous commencez un tas simple, cependant, l'évaluation de sa dimension éventuelle peut s'avérer difficile.

Une petite cour ne génère pas autant de feuilles, de broussailles, de rognures et de mauvaises herbes qu'une grande cour. Parce qu'un simple tas se place graduellement et que les matières à sa base se décomposent, ses dimensions sont relativement stables d'une année à l'autre. Si vous vous rappelez de ce fait, il vous sera plus facile d'évaluer l'espace nécessaire au compostage. Assurez-vous de prévoir 1,82 m à 2,44 m de plus des deux côtés de l'espace requis pour le tas. Ceci donnera de la place à une brouette ou un chariot et fournira l'espace nécessaire pour manier une fourche au long manche.

Les tas simples souffrent de problèmes d'emplacement parce qu'ils sont stationnaires. Contrairement aux tas accélérés, qui sont plus faciles à déplacer à cause de leur dimension, les tas simples peuvent rester au même endroit pendant des années. Les racines d'arbres envahissantes sont le problème le plus fréquent. Si des arbres poussent

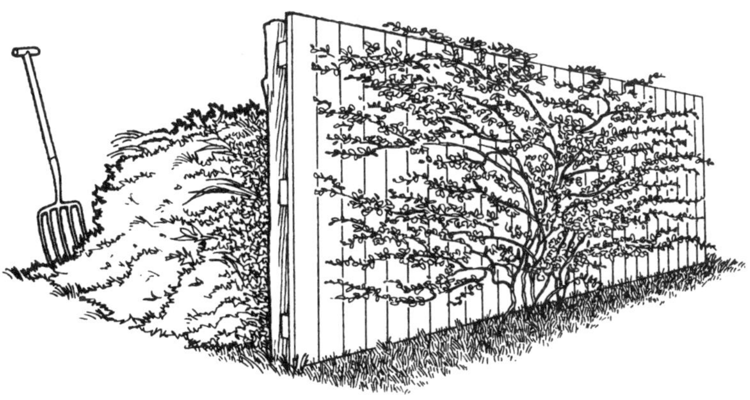

En autant que le tas n'est pas appuyé directement contre elle, une clôture de bois peut constituer un excellent écran pour le compost.

à proximité, il est préférable de construire le tas sur une base qui le séparera du sol. Vous pouvez installer le tas sur du béton, des feuilles de métal ou dans un contenant dont le fond est de bois ou de plastique. Une base permettant à l'air de circuler, soit une palette de bois trouvée dans le commerce, des parpaings ou un contenant commercial, est probablement la meilleure solution. En donnant une légère inclination on évite l'accumulation d'eau dans les climats humides.

EMPLACEMENT D'UN TAS ACCÉLÉRÉ: Si votre but est de produire beaucoup de compost, plutôt que de simplement recycler les débris de la cour, vous aurez besoin de plus d'espace pour votre activité de compostage. Pour bâtir un tas qui cuira efficacement, vous devriez avoir une provision de matières vertes (azote) et brunes (carbone) suffisante pour bâtir un ou plusieurs tas de dimension moyenne, soit de 90 cm X 90 cm X 90 cm à 1,50 m X 1,50 m X 1,50 m. Puisque chaque matière est abondante à des moments différents de l'année, un espace doit être alloué pour emmagasiner ces matières. Typiquement, les feuilles d'automne sont entreposées en vrac ou dans des sacs en prévision du printemps, lorsque les mauvaises herbes fraîches et les rognures seront disponibles. Si vous vous attendez à importer des matières organiques fraîches de l'extérieur, allouez suffisamment d'espace pour recevoir une abondance de paille, de fumier, de copeaux et ainsi de suite.

Parce que les tas accélérés sont retournés une ou plusieurs fois, planifiez de l'espace supplémentaire pour ce travail. Réservez au moins 1,80 à 2,50 m sur deux ou trois côtés du tas afin de pouvoir le retourner ou recueillir le compost. Un espace adjacent est utile pour retourner le tas ou retirer et remplir les contenants. Les contenants multiples sont une alternative. Les deux solutions requièrent le même espace.

Prévoyez aussi de l'espace supplémentaire sur le lieu de compostage pour l'équipement. En plus de la fourche, du chariot, des sceaux et des contenants, vous ferez peut-être l'acquisition d'une déchiqueteuse ou d'une défibreuse. Elles viennent en dimensions diverses et exigent toutes beaucoup d'espace pour être actionnées en toute sécurité. Non seulement devrez-vous allouer de l'espace dans le lieu de compostage pour l'entreposage de la machine, mais il faut aussi en avoir pour déchiqueter et hacher en prévision de la préparation et de l'installation du tas de compost. Souvent ceci signifie la préparation de deux tas: l'un qui sera déchiqueté et l'autre qui recevra les produits déchiquetés. Ces machines fonctionnent à haute vitesse et doivent donc être considérées comme étant dangereuses. Des accidents peuvent survenir si on les opère dans des espaces confinés.

Un regroupement de petits arbustes, surtout les variétés à feuilles persistantes, fait un écran particulièrement efficace à un tas de compost et décourage les enfants de jouer à proximité.

Si vous ne pouvez pas vous servir du compost fini immédiatement, il est important de l'entreposer dans des poubelles, des contenants séparés ou seulement en tas. Couvrez-le car s'il pleut il perdra ses nutriments solubles dans l'eau. Vous pouvez décider d'entreposer le compost fini près des plantes, mais si vous le laissez dans l'aire de compostage, trouvez-lui un endroit approprié.

CAMOUFLER L'ESPACE DE COMPOSTAGE

Peu importe la dimension de l'aire de compostage, il est préférable de la soustraire à la vue pour des raisons esthétiques et de sécurité. L'écran sera simple, comme une clôture faite de pieux. Une autre possibilité est de prolonger un élément permanent de votre jardin, comme un mur de pierres, un écran en treillis ou une clôture décorative.

Les plantes, par elles-mêmes ou combinées à un mur ou à une clôture, feront un écran efficace. Une rangée serrée d'arbres à feuilles persistantes, comme l'arborvitae, l'azalée, le houx ou l'if, dissimule joliment l'aire de compostage tout en procurant un arrière-plan aux plantes ornementales du jardin. Les plantes aux feuilles ou tiges piquantes, comme l'épine-vinette, le houx et le pyracanthe, sont particulièrement efficaces pour tenir à distance les enfants aventureux. Assurez-vous cependant que ces plantes n'envahissent pas votre aire de travail.

Les vignes sont utiles aussi, surtout les annuelles qui poussent vite et rampent facilement sur un tas simple ou un amoncellement, le soustrayant ainsi à la vue. La marguerite dorée, le liseron pourpre, la capucine et le pois de senteur peuvent transformer un environnement pénible à voir en un tertre de fleurs multicolores. Si la lumière est suffisante, plantez des vignes vivaces comme la clématite, le chèvrefeuille, le lierre ou la vigne vierge près d'une clôture ou d'un mur situé à proximité de l'aire de compostage pour ajouter un élément décoratif.

Une technique plus élaborée consiste à faire grimper en espalier, sur une clôture, une rangée de pommiers, de figuiers ou de poiriers qui feront écran. S'ils sont plantés rapprochés les uns des autres, leur feuillage créera un véritable écran vert durant la belle saison. S'il est impossible de masquer complètement l'endroit, des rhododendrons et autres arbustes fleuris, qui acceptent un peu d'ombre, rendront le lieu de compostage plus attrayant. Résistez à la tentation de mettre des pots ou des bacs de fleurs annuelles multicolores dans ce lieu parce qu'elles attireront l'attention sur le tas.

Le lieu de compostage de votre cour est une aire de travail qui comporte les mêmes risques que tout autre endroit similaire. La principale préoccupation consiste à choisir un endroit de dimension adéquate et bien situé. Tout ce que vous pouvez faire pour le camoufler est bien.

Choisir *un* Contenant *à* Compost

Il est préférable de mettre votre compost dans un contenant quelconque, que le tas soit simple et souvent creusé pour en extraire du compost fini, ou que ce soit un tas accéléré où la rotation est fréquente. Le principal avantage est l'apparence. Sur une ferme on peut le cacher derrière la grange ou le placer à l'écart. Cependant, les tas typiques d'arrière-cour sont souvent impossibles à soustraire à la vue, surtout en hiver, alors que les arbres et les arbustes servant à les masquer sont dépourvus de feuilles. Les matières organiques entreposées pour être utilisées plus tard dans un tas accéléré peuvent être désagréables à voir, à moins que vous ne possédiez plusieurs contenants, cages ou enclos pour les inclure.

Un autre avantage du contenant à compost est la protection qu'il assure contre les éléments. C'est plus facile de protéger un tas d'un orage s'il est entouré d'une structure. Alors que l'exposition aux éléments n'est pas un problème majeur pour un tas simple, un tas accéléré est bâti pour générer une température élevée au centre. Une pluie diluvienne réduit la chaleur interne et ralentit la décomposition. Si elles sont trop mouillées, les matières azotées colleront ensemble et produiront un tas anaérobie qui sentira mauvais.

Un contenant ou un enclos protégera aussi le tas contre certains visiteurs, enfants et rodeurs. Les tas simples, en particulier, attirent l'attention de la faune en quête de nourriture et de logement dans les banlieues.

Enfin, une boîte ou un contenant pour le tas ou pour les matières accumulées économisent de l'espace. Ils permettent de contrôler l'éparpillement du tas, le confinant aux dimensions du contenant et restreignant le volume de la matière à des proportions adaptées à un espace limité.

CRITÈRES S'APPLIQUANT AU CONTENANT À COMPOST

Lorsque vous décidez de construire un contenant ou un enclos, il y a quatre critères de base à considérer: la conception, la dimension, le prix, le matériau. Il est important de garder une flexibilité de choix, car vos besoins peuvent changer avec le temps. Vous pouvez décider de passer d'un système simple à un système accéléré ou d'ajouter un autre tas à l'opération. Vous préférerez sûrement un concept en particulier et changerez probablement de système au moins une fois. Heureusement, les contenants sont relativement peu coûteux, surtout si vous les construisez à partir de matériaux recyclés.

CONCEPTION: La conception du contenant ou de l'enclos reflétera le genre de tas que vous voulez. Dans tous les cas, cependant, des lattes ou des ouvertures sur les côtés devraient être prévues afin de faciliter la circulation d'air autour du tas. L'aération du dessous du tas est encore plus bénéfique. Les contenants commerciaux comprennent rarement cette base spéciale, mais il est facile d'en créer une à partir de palettes de bois de seconde main ou avec des matelas spéciaux vendus à cette fin.

Un jour ou l'autre vous devrez récolter le compost fini au pied du tas. Les meilleurs contenants et enclos comportent des côtés amovibles ou alors c'est le contenant entier qui peut être soulevé et déposé à côté du tas. Un contenant muni de parpaings démontables d'un côté ou une cage de broche qui s'ouvre sur le côté ou peut être soulevée du tas sont des exemples de conceptions pratiques et simples. Quels que soient les matériaux de construction utilisés, les côtés devraient être suffisamment solides pour supporter un couvercle fait de planches, de bois pressé ou d'une simple bâche.

Des tas accélérés nécessitent des contenants conçus de manière un peu plus élaborée. Parce que vous serez activement impliqué dans le compostage, un accès facile au tas est primordial. Le contenant devrait avoir des panneaux amovibles ou des côtés suffisamment solides pour soutenir le tas sans bomber ou plier. Comme pour l'enclos du tas simple, il devrait aussi comprendre un couvercle pour protéger le tas de la pluie ou de la neige. Un contenant auquel on peut ajouter un étage ou des côtés s'emboîtant au fur et à mesure que le tas grossit est très avantageux. La pile est soutenue, mais vous n'avez pas à forcer pour soulever les matières à la hauteur de la boîte.

DIMENSION: La dimension du contenant ou de l'enclos pour un tas simple n'est pas un facteur aussi crucial dans le processus de décomposition que ce l'est pour un tas accéléré. Les accumulations de matières premières destinées au tas accéléré sont plutôt importantes et de forme irrégulière. La préoccupation principale concernant le tas accéléré (comme le tas simple) est de le rendre moins encombrant, de l'enfermer, de le protéger des éléments et de ne pas le laisser devenir trop haut.

Par comparaison, la dimension des tas accélérés actifs, dont la température interne est fort élevée, est plus importante. Parce qu'ils sont tous bâtis en même temps, leur dimension est plus facile à contrôler. Le volume du tas devrait être facilement contenu dans une boîte ou un contenant qui ressemble à un cube dont la hauteur, la largeur et la profondeur se situent approximativement entre 90 cm et 1,50 m. Si vous accumulez plus de matières, songez à un autre contenant pour les entreposer ou bâtissez un second tas. Plusieurs contenants commerciaux sont un peu plus petits que 90 cm X 90 cm X 90 cm mais demeurent acceptables.

PRIX: Le prix n'est pas un obstacle au choix d'un bon contenant à compost. Vous pouvez en fabriquer un avec des matériaux usagés pour une somme très modique. Le prix est fonction des matériaux, du plan et de la dimension. Certains modèles sont fabriqués en prévision d'une expansion et des unités peuvent être ajoutées au contenant original qui pourra ainsi doubler sa dimension de départ. À noter que les unités d'appoint sont légèrement moins dispendieuses que l'unité de base.

Un simple enclos de broche constitue un moyen idéal d'entreposer les matières organiques.

Les contenants ou boîtes les moins dispendieux sont habituellement ceux fait de simple broche ou de planches en bois de construction rejeté. Les contenants les plus dispendieux sont faits de résine moulée ou de matières plastiques et sont munis d'ouvertures pour la ventilation, d'un couvercle et souvent d'un intérieur spécial qui améliore leur efficacité.

MATÉRIAUX: Les contenants de compost faits à la main sont une bonne occasion de recycler toutes sortes de matériaux: parpaings, différents genres de broches, clôtures à neige, palettes de bois à transport, bûches, restes de bois de construction. Si vous désirez acheter des matériaux neufs spécifiquement à cette fin, un certain genre de bois goudronné est probablement le moins dispendieux. Les panneaux de treillis préfabriqués, un peu plus chers, sont très jolis. On se les procure dans les centres de jardin où dans ceux de décoration intérieure. Un matériau fabriqué avec des plastiques mêlés recyclés est idéal pour fabriquer des contenants à compost qui peuvent durer indéfiniment.

Un matériau plus fragile, comme le bois, oblige à faire des compromis. Vous devez vous attendre à ce qu'il se décompose avec le temps parce qu'il est en contact avec l'air, l'humidité, l'azote et des régiments de micro-organismes. Le bois le moins dispendieux est le pin non traité, mais il sera de courte durée comme contenant à compost. D'autres bois non traités, comme le sequoia, le cèdre et le cyprès, résistent à la décomposition mais sont beaucoup plus chers. Ils durent de huit à 10 ans en servant de contenant à compost ou en étant proche d'un tel environnement. Si vous êtes un jardinier de stricte observance, ce sera votre meilleur choix.

Enfin, le bois traité pour supporter la pression, certifié pour usage extérieur, particulièrement pour un emploi en contact avec le sol, peut durer 20 ans ou plus et est d'un prix raisonnable. Il est justifié d'être préoccupé par l'emploi de matériaux traités chimiquement qui seront près du compost éventuellement ajouté à la terre où poussent des récoltes alimentaires. L'expérience de nombreuses années de recherche indique toutefois qu'il n'y a pas de problèmes sérieux à long terme avec ces produits traités.

Les contenants à compost faits de treillis sont excellents pour l'entreposage ou pour recevoir un tas de compost en formation.

Cependant, il ne coûte rien de prendre des précautions pour éviter l'infiltration de produits chimiques dans les composants du compost. Laisser le bois vieillir pendant quelques mois avant de construire le contenant. Ceci permet aux vapeurs chimiques résiduelles de s'évaporer. L'activité microbienne du tas de compost contribue aussi à décomposer les résidus se trouvant à la surface du bois en des composants inoffensifs. Il y a cependant une exception, le créosote, un préservatif utilisé sur les dormants de chemins de fer et sur les poteaux de téléphone, qui se retrouve dans certains bois utilisés pour l'aménagement paysager. Évitez donc d'utiliser un bois ayant été traité au créosote dans le sol qui recevra des plantes.

FABRIQUER SON PROPRE CONTENANT

Si vous avez le goût, l'énergie et le temps de construire votre propre contenant, plusieurs avantages en découleront. Le contenant pourra avoir la dimension de 1,50 m X 1,50 m X 1,50 m, ce qui donnera la masse critique nécessaire pour atteindre la plus haute température possible au centre du tas accéléré. (Cette dimension est idéale aussi pour un tas simple ou pour l'entreposage, parce qu'il contient de grosses quantités.) La plupart des contenants commerciaux sont légèrement plus petits que

90 cm X 90 cm X 90 cm et même si un tas accéléré chauffera dans de tels contenants, il n'atteindra pas des températures optimales.

Un contenant de fabrication domestique sera presque toujours beaucoup moins dispendieux qu'un autre qui a été manufacturé. Mais le plus important, c'est qu'il peut être fait sur mesure pour l'espace disponible, les matières à y mettre et les limites physiques. Bien qu'il ne soit pas essentiel d'utiliser des matériaux usagés, vous voudrez peut-être, pour rester fidèle à l'esprit du compostage, recycler du bois mis de côté, de la broche ou des blocs. Rappelez-vous cependant que les matériaux utilisés doivent être suffisamment solides.

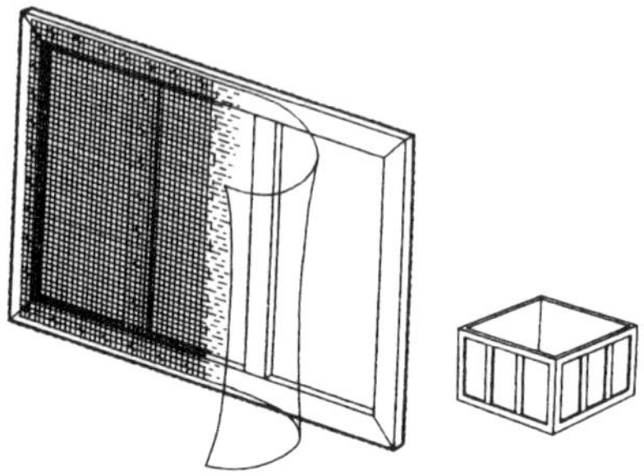

Un grillage renforcé de baguettes de bois forme un contenant à compost léger et durable.

C'est facile de sous-estimer le poids d'un gros tas de matière organique humide. Il a tendance à prendre de l'expansion vers l'extérieur en se tassant, ce qui fera plier du bois trop mince et osciller des cages de grillage léger. Les panneaux de côté qui ferment le tout doivent être résistants et bien installés, car lorsque les matières sont empilées dans le contenant, il est très difficile de réparer ou de remplacer des panneaux endommagés. Si vous faites des panneaux à l'aide de grillage, de broche à poulet ou de quelque chose similaire, fixez-les solidement à de bons pieux de bois de 10 cm X 10 cm. Utilisez des attaches qui doivent être clouées en place (celles qui sont fixées avec un fusil ne sont pas assez fortes). Soutenez les panneaux de grillage plus grands que 1,22 m X 1,22 m par des lattes de bois fixées à la base et sur les côtés du contenant.

Si vous construisez une boîte en bois, employez des vis ou des clous. Si vous utilisez des palettes en bois ou des panneaux de plastique préfabriqués, procurez-vous des courroies de nylon ou de solides cordes pour les tenir ensemble, en haut et en bas, de chaque côté. Elles demeureront serrées tout en étant faciles et rapides à utiliser.

CONTENANTS À COMPOST COMMERCIAUX

Des boîtes et des contenants à compost manufacturés sont disponibles dans des variétés de styles, de couleurs et de formes. Ils sont livrés en pièces détachées, ce qui est moins coûteux pour le manufacturier, et par le fait même, pour l'acheteur. Ce genre d'empaquetage est plus pratique pour le transport dans votre voiture, si vous l'achetez en magasin. En général, moins d'une heure est nécessaire pour assembler un contenant à compost commercial, surtout si les pièces sont en plastique et s'emboîtent les unes dans les autres facilement.

Même si les dimensions des contenants manufacturés sont légèrement inférieures à 90 cm X 90 cm X 90 cm, des tas accélérés bien travaillés y chaufferont néanmoins. Les températures n'atteindront peut-être pas la chaleur requise pour tuer les semences de mauvaises herbes et les pathogènes, mais ces contenants produiront malgré tout du compost assez efficacement. Ils conviennent aussi à l'entreposage des débris et des tas simples. Même si leur capacité est quelque peu limitée, il n'y a pas de raison pour ne pas en avoir plus d'un.

ALTERNATIVES AUX CONTENANTS ET AUX BOÎTES

La partie la plus difficile dans la gestion du processus de décomposition est de retourner le tas. Cette activité (voir pages 43-47) demande beaucoup d'effort physique, surtout si vous avez un contenant de grande dimension. Pour pallier à ce problème, les manufacturiers ont conçu des mélangeurs à compost qui réduisent l'effort physique requis par la rotation.

Les mélangeurs à compost tournent sur une base stationnaire et évitent ainsi d'avoir à retourner le compost manuellement.

Un mélangeur est conçu de façon à aérer les matières organiques efficacement en mêlant tout le compost. C'est une alternative intéressante au traditionnel pelletage

CONTENANTS À COMPOST COMMERCIAUX

NOM	CAPACITÉ
COMPOST 2000 À base carrée avec couvercle et porte d'accès en bas. En bois naturel.	0,25 m^3
GARDEN GOURMET Contenant à base carrée, porte d'accès dans le bas. Aération sur toute la hauteur. En plastique recyclé. Possibilité d'agrandir le contenant par le haut.	0,28 m^3
LA MACHINE À TERRE Contenant conique, vendu en 2 morceaux, plus couvercle. Assemblage sans outils. Aération sur toute la surface du cône. Porte d'accès dans le bas. En plastique recyclé.	0,30 m^3
MEUBLE JRS Contenant à base carrée. En planches de cèdre espacées. Aucun assemblage.	0,28 m^3
SAINT-BERNARD Contenant à base carrée. En planches de cèdre espacées. Paroi frontale amovible. Fond en grillage.	0,31 m^3 0,68 m^3
SOIL SAVER Contenant à base carrée, vendu en quatre panneaux démontés avec couvercle. Deux petites portes pour accès au compost mûr. Fentes d'aération dans le bas du contenant. Système de verrouillage. Base optionnelle contre les rongeurs. En plastique recyclé.	0,30 m^3

AUTRES CONTENANTS À COMPOST

NOM	CAPACITÉ
ENVIRO-CYLE ROTATIF Contenant en forme de cylindre. Mobile sur une base à huit roulettes permettant de retourner le compost. Base pour recueillir les excès de liquide. Aération latérale. Petite porte amovible et grille de drainage. En plastique recyclé. Utilisable à l'intérieur.	0,20 m^3
L'ÉCOLO Baril métallique rotatif sur trépied. Trois modèles: simple, double et de luxe.	0,21 m^3 (simple)

d'un contenant à l'autre ou dans le premier contenant. Les mélangeurs à compost, habituellement cylindriques, ferment hermétiquement et sont munis d'ouvertures de ventilation. Ils sont fabriqués en plastique moulé durable ou en polythène. Certains sont maintenus par un cadre leur permettant d'être renversés ou tournés pour mêler les matières à l'intérieur. D'autres sont ronds et peuvent être roulés.

Ces mélangeurs ont généralement une capacité plus réduite que la boîte ou le contenant de format standard, mais ils font la rotation du compost assez rapidement et peuvent mêler plusieurs portions par saison, si les matières sont disponibles. À cause de leur capacité plus réduite et de leur construction hermétique, ils sont idéals pour transformer les restes de cuisine en compost. Il faut les faire démarrer avec une petite quantité de feuilles hachées, ajouter des déchets quotidiennement et tourner pour mêler.

Certains mélangeurs possèdent, à la base, un collecteur d'humidité. Son contenu peut être drainé pour faire une riche infusion de compost, laquelle constitue un supplément nutritif pour les plantes d'intérieur, les jeunes pousses et même les plantes en pot à l'extérieur.

Quelle que soit votre situation, il y a un appareil à compostage pour vous. En fait, vous pourrez même avoir le choix. Au fur et à mesure que vous pratiquerez le compostage, vous en apprendrez davantage sur ce procédé magique et vous voudrez expérimenter plus avant en utilisant divers genres de contenants et des techniques variées.

OUTILS *ET* ÉQUIPEMENT *POUR LE* COMPOSTAGE

Même sans penser à votre but ultime, le compostage est plus facile si vous travaillez avec un équipement adéquat. Plusieurs manufacturiers offrent divers outils qui rendent le compostage de tout genre plus facile. Il n'est pas essentiel d'avoir autre chose qu'un râteau et une pelle ordinaire, mais une variété d'instruments allègent l'effort physique requis par le compostage et permettent de travailler plus efficacement. Ne soyez pas surpris si le nombre d'outils utilisés augmente en même temps que votre implication dans le compostage.

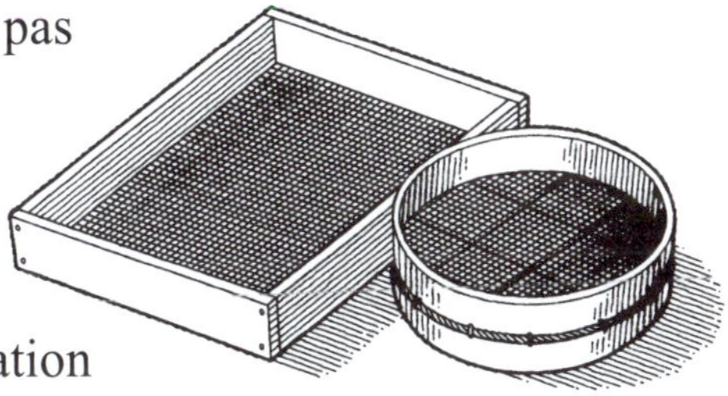

Les outils de compostage sont souvent pris pour acquis dans l'entreprise de jardinage, mais leur importance ne devrait pas être négligée. Heureusement, les principaux outils nécessaires au compostage sont déjà présents dans la collection du jardinier. Parmi les plus importants, la brouette et le chariot sont souvent oubliés. Sans un chariot solide, le déplacement de la matière première vers le tas et le transport du compost à l'extérieur du tas deviendraient une entreprise laborieuse. Certains outils spécialisés pour le jardinier méticuleux et enthousiaste permettent d'entreprendre le compostage avec précision. Des passoires et des tamis transforment le tamisage du compost en plaisir. Les thermomètres à compost et les activateurs servent à vérifier et à contrôler de près la décomposition. Et enfin, la fourche est probablement l'outil le plus employé autour du tas de compost et devrait, par le fait même, être solide.

ÉQUIPEMENT POUR DÉCHIQUETER ET HACHER LES MATIÈRES

C'est très avantageux pour le tas de compost d'y déposer des matières organiques déchiquetées ou hachées (voir page 34). Mais avant de choisir l'équipement nécessaire à ces opérations, sachez la quantité et le genre de débris que votre cour peut contenir pendant au moins une année. Si ce sont surtout des feuilles, le choix est vaste parmi les déchiqueteuses. Certaines vont bien se tirer d'affaire si la matière est sèche, mais elles ne pourront fonctionner avec des débris mouillés ou des émondages de vignes. Les broussailles, l'écorce et les pommes de pin requièrent un équipement plus solide, différent selon la grosseur des branches. Si vous possédez un vaste terrain qui produit de grandes quantités de feuilles et de branches, vous pourrez avoir besoin d'une déchiqueteuse/hacheuse forte et polyvalente. En plus de vos besoins en déchiquetage et hachage, vous voudrez aussi penser au prix.

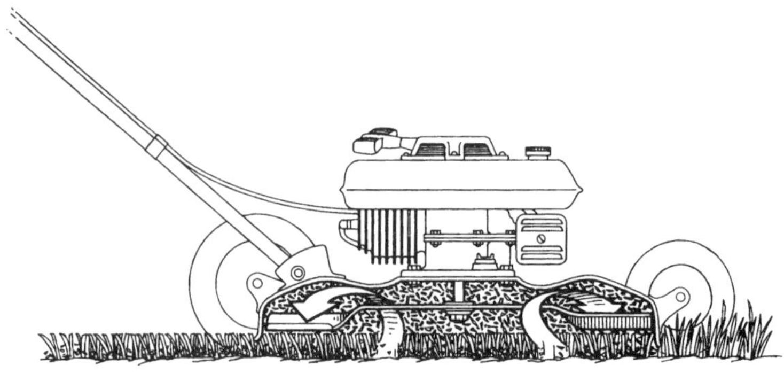

Les tondeuses à paillis coupent le gazon finement, ce qui permet soit de laisser les rognures de gazon là où elles tombent, soit de les ramasser pour le tas de compost.

Tondeuses à Gazon: La majorité de ceux qui ont une pelouse ont une tondeuse à gazon actionnée à l'essence ou à l'électricité. Presque toutes les tondeuses à gazon peuvent devenir, à l'occasion, des déchiqueteuses. En plus de tondre la pelouse en été, elle peuvent servir à hacher les feuilles tombées en automne. Un sac attaché à la tondeuse simplifie la collecte des débris, mais une tondeuse qui expulse les rognures par une ouverture de côté fera aussi bien l'affaire; il suffit de tondre en mouvement circulaire et de souffler les débris vers le centre où il sera facile de les ramasser.

Les tondeuses à paillis sont les meilleures pour déchiqueter les feuilles. Elles sont munies d'un grand espace pour couper et d'une seule lame qui force le gazon coupé ou les feuilles à rester dans cet espace plus longtemps, afin que la lame les coupe plus qu'une fois. Une tondeuse à paillis peut hacher des couches de feuilles sur le gazon, ainsi qu'un assortiment de petites broussailles, d'écorce et même de cosses de graines. Si vous décidez d'acheter une tondeuse à paillis, achetez la plus puissante que vous pouvez vous offrir, soit de 4 ou 5 chevaux-vapeur ou l'équivalent en puissance électrique. Il est préférable d'avoir un sac collecteur de débris mais ce n'est pas essentiel.

Tailleurs de Mauvaises Herbes: Les tailleurs de mauvaises herbes ou fléaux à mauvaises herbes sont omniprésents dans beaucoup de quartiers résidentiels. Ils sont actionnés à l'essence ou à l'électricité et sont munis d'un gros fil de nylon rotatif, semblable à un fil à pêche à fort gabarit. Ils coupent l'herbe haute et les mauvaises herbes autour des piquets de clôture et des murs, mais ne sont pas assez forts pour couper les vignes ligneuses et les tiges. On peut aussi s'en servir comme hachoirs à feuilles: déposez en vrac les feuilles sèches dans une grande poubelle et insérez-y le tailleur de mauvaises herbes qui déchiquettera les feuilles en très petits morceaux.

Souffleuses/Vacuums: Les souffleuses à feuilles, électriques ou à essence, deviennent rapidement un élément de plus dans la panoplie des jardiniers. Les modèles plus perfectionnés offrent une fonction inverse, le vacuum, qui aspire les feuilles se trouvant autour des buissons, sur le sol et sur la pelouse. Les feuilles sont aspirées dans un réceptacle qui les déchiquette puis les rejette dans un sac attaché à une courroie sur votre épaule. Lorsque le sac est plein, une fermeture éclair à l'extrémité permet de vider facilement le contenu directement dans le contenant à compost. Lorsque vous achetez cet équipement, procurez-vous le plus puissant que vous pouvez vous offrir.

DÉCHIQUETEUSES À FEUILLES: Si votre source principale de matière organique pour le tas de compost est composée des feuilles provenant de nombreux arbres sur votre propriété, la façon la plus efficace de les hacher est d'utiliser une déchiqueteuse à feuilles. Cet outil dessiné expressément pour déchiqueter les feuilles fonctionne à la façon d'un tailleur de mauvaises herbes. Actionné à l'électricité, un solide fil de nylon tourne à la base d'une hotte en forme d'entonnoir, déchiquetant les feuilles au fur et à mesure qu'elles sont jetées dans cette hotte.

Certains modèles sont montés sur un cadre tubulaire en acier pour que la machine soit installée en angle afin d'avoir un meilleur accès à la hotte. Cet appareil est habituellement installé sur un chariot, une poubelle ou un contenant à compost qui recevra les feuilles tombant par l'ouverture du bas. Son plus grand avantage est de traiter des quantités énormes de feuilles sèches très rapidement, aussi vite que vous pouvez jeter des brassées de feuilles dans l'entonnoir. Les feuilles humides sont déchiquetées plus lentement.

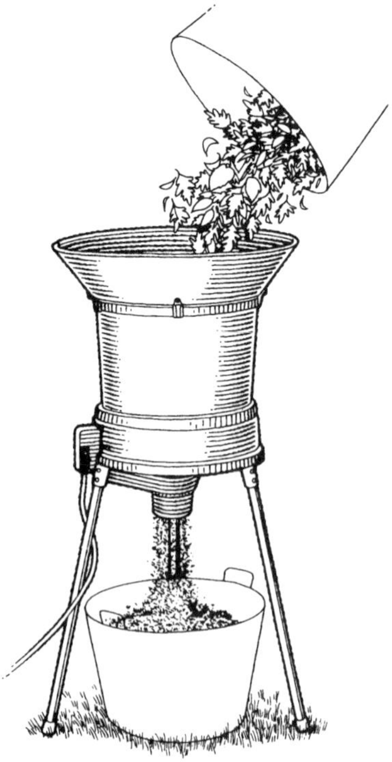

Les déchiqueteuses peuvent hacher de grandes quantités de feuilles sèches très rapidement.

DÉFIBREUSES/DÉCHIQUETEUSES: Si vos besoins nécessitent une déchiqueteuse suffisamment puissante et polyvalente, capable d'absorber un flot constant et abondant de toutes sortes de matières organiques, il vaut la peine de dépenser plus pour acquérir une défibreuse/déchiqueteuse. Semblables aux grands moulins à déchiqueter commerciaux dont se servent les services paysagers, cet équipement est disponible en format résidentiel. Divers modèles sont conçus pour traiter les feuilles mouillées ou sèches, les vignes, les petites branches, les pommes de pin, l'écorce légère, la paille, les épis de maïs secs, les pelures de fruits, presque tout ce qu'une cour peut produire. Les défibreuses/déchiqueteuses plus solides et de plus forte puissance pourront déchiqueter des branches ayant jusqu'à 7,5 cm de diamètre, mais ne peuvent s'attaquer aux troncs, aux lourds morceaux d'écorce ou aux grosses branches.

La décision du modèle à acheter ne se fait pas nécessairement en fonction de la dimension de votre propriété. Une petite propriété possédant beaucoup d'arbres et un grand jardin générera une plus grande variété et quantité de matière qu'une vaste propriété qui n'a qu'une grande pelouse et quelques arbustes. Vous pourrez aussi décider de faire la rotation du tas de compost dans la déchiqueteuse. Dans ce cas, choisissez une déchiqueteuse plus grosse possédant une hotte suffisamment grande et une ouverture plus large dans le bas pour prévenir l'accumulation. La défibreuse/déchiqueteuse est actionnée à l'essence ou à l'électricité. Celles fonctionnant à l'essence sont plus puissantes et plus durables.

CARACTÉRISTIQUES DES DÉFIBREUSES/DÉCHIQUETEUSES

ÉLECTRIQUE	À ESSENCE
Petite, légère	Lourde, solide
Moins puissante	Plus puissante
Facile à déplacer	Plus stable
Facile à allumer et à éteindre	Nécessite plus d'entretien
Moins bruyante	Très bruyante
Traite bien la matière ligneuse	Traite très bien la plupart des matières
A tendance à bloquer facilement	Plus grosse, donc moins de pannes
Meilleure pour les matières sèches	Traite les matières mouillées ou sèches
Absorbe moins de quantités et plus lentement	Absorbe rapidement de grandes quantités
Restreinte par la source électrique	Plus mobile

RÈGLES DE SÉCURITÉ POUR LA DÉFIBREUSE/DÉCHIQUETEUSE

Cet outil est très utile à l'enthousiaste du compost, mais il y a des dangers inhérents à son usage. Par nature, ce sont des outils lourds, puissants et violents, qui méritent le plus grand respect en tout temps. Peu importe le modèle, il est de la plus haute importance de suivre les recommandations du manufacturier.

Ne jamais enlever ou rendre inopérants les dispositifs de sécurité installés sur la machine. Le plus grand danger ce sont les débris qui peuvent parfois être éjectés hors de la hotte d'accès par le pouvoir du moteur ou par la vibration provenant du mouvement du marteau à l'intérieur. Habituellement, la hotte est protégée par une cloison qui garde les débris au centre et en direction du marteau. Son autre fonction est de vous empêcher de mettre la main ou le bras à l'intérieur. Résistez absolument à la tentation d'enlever cet écran protecteur.

Prenez le temps de vous couvrir pour ce genre de travail. Il est essentiel de protéger vos yeux et vos oreilles. Même s'il fait chaud, portez des gants et des vêtements qui couvrent votre peau, sans qu'ils soient trop lâches et flottants pour être pris dans la machinerie. Le déchiquetage produit beaucoup de poussière, aussi un masque à pollen est une bonne idée. Enfin, assurez-vous que l'équipement est solidement installé sur une surface plane avant de le faire démarrer.

Toujours suivre les consignes de sécurité suivantes pendant l'utilisation d'une défibreuse/déchiqueteuse ou d'un autre outil à moteur:

• *Ayez l'esprit alerte. N'utilisez pas l'équipement lorsque vous êtes fatigué, sous l'effet d'un médicament causant de la somnolence ou sous l'influence de l'alcool.*

• *Ne tolérez ni enfants ni animaux domestiques dans l'aire de travail où les machines sont actionnées.*

• *Portez des pantalons et des vêtements à manches longues qui ne soient pas flottants et qui puissent vous protéger des brûlures du soleil et des débris projetés.*

• *Portez une protection pour les oreilles. Les tondeuses à gazon et les autres outils à moteur en action plus de 20 minutes causent une déficience auditive mineure.*

• *Portez des lunettes protectrices pour vous garantir des débris projetés.*

• *Portez des gants épais.*

• *Si la poussière vous incommode, portez un masque à pollen.*

• *Gardez les mains loin de l'ouverture d'une tondeuse d'où sortent les débris hachés et hors de la hotte de la déchiqueteuse. Employez un bâton solide pour pousser les matières plus grosses dans la hotte.*

• *Ne jamais faire fonctionner un moteur actionné à l'essence dans un endroit fermé.*

• *Ne pas essayer de réparer ou de débloquer un appareil lorsqu'il est en marche.*

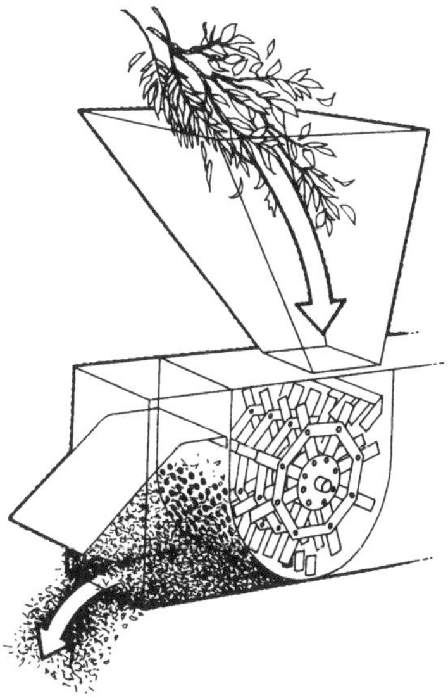

La défibreuse/déchiqueteuse fonctionne en recevant les matières dans la hotte, d'où elles passent dans le secteur du marteau pour être déchiquetées. Les matières réduites en morceaux sortent sous un écran qui protège des débris qui pourraient jaillir de l'habitacle.

En choisissant une défibreuse/déchiqueteuse, il y a deux facteurs techniques à évaluer et chacun aura une conséquence sur le prix de l'équipement. Le plus important facteur est la puissance. Si elle manque, l'appareil ne pourra traiter des matières organiques rapidement. Un appareil moins puissant sera plus approprié pour une variété de matières, mais pas pour de grosses quantités. Un appareil plus puissant sera un meilleur choix lorsqu'il y a plusieurs variétés et une grosse quantité de matières à transformer régulièrement.

L'autre facteur technique à évaluer est le mécanisme de déchiquetage. Les manufacturiers fabriquent ces machines selon deux modèles de hottes, une longue et étroite pour les branches et une plus large pour recevoir des amas de feuilles et de mauvaises herbes. Chaque modèle possède des lames qui défibreront les branches et certains peuvent être munis soit de lames tranchantes, soit de marteaux à la base de la hotte principale. Certaines défibreuses/déchiqueteuses plus petites comportent un couteau pour couper et déchiqueter les matières organiques. Celles qui sont plus grosses auront plutôt un marteau. Au moment de l'achat, vérifiez s'il est facile d'enlever une lame pour l'aiguiser ou un marteau pour le réparer. Chaque mécanisme de déchiquetage comporte certains désavantages. Les couteaux et les lames s'émoussent et nécessitent un aiguisage régulier, même s'ils semblent moins dispendieux. Les marteaux ne s'émoussent pas, mais il s'usent avec le temps. Leur longévité est double s'ils sont réversibles, mais ils sont alors très dispendieux à remplacer.

DÉFIBREUSES/DÉCHIQUETEUSES POUR TRAVAIL LOURD: Une défibreuse/déchiqueteuse puissante pour tout le travail à faire autour de la maison peut représenter un investissement coûteux. Cependant, si vous entreprenez le compostage de plusieurs matières tirées de votre cour et provenant de l'extérieur, vous constaterez que le coût de base est amorti par la durabilité de l'appareil.

Les défibreuses/déchiqueteuses puissantes sont disponibles en 5 et 8 chevaux-vapeur. Leur stabilité, polyvalence et durabilité leur permettent d'être efficaces pendant des décennies si elles sont adéquatement entretenues. Elles peuvent déchiqueter et hacher d'énormes quantités de matières organiques rapidement: un tas de 1,22 m X 1,22 m X 1,22 m partiellement décomposé pourra être déchiqueté en une heure environ.

ROBOT CULINAIRE, MÉLANGEUR, EXTRACTEUR À JUS: Vous avez peut-être déjà une déchiqueteuse à déchets à l'intérieur même de la maison. Un robot culinaire, un mélangeur, un extracteur à jus peuvent devenir une déchiqueteuse à déchets de cuisine, lesquels seront ajoutés au compost ou déposés directement sur les plate-bandes.

AUTRES OUTILS ET ÉQUIPEMENT À COMPOSTAGE

À part les appareils à déchiqueter et à hacher, il y a d'autres outils et accessoires conçus spécialement pour les activités de compostage. Certains sont si utiles qu'ils sont pratiquement essentiels pour les tas simples ou accélérés. D'autres s'avèrent fort utiles pour les tas accélérés mais pas absolument nécessaires pour les tas simples.

FOURCHES À COMPOST: Une pelle n'est pas très efficace pour travailler avec des matières organiques, soit pour la collecte ou pour bâtir ou retourner le tas. Le meilleur outil est une fourche à compost, connue aussi sous le nom de fourche à fumier, mais que l'on confond souvent avec la fourche à creuser. D'une certaine façon, la fourche à compost se situe entre la fourche à creuser et celle pour le fumier. Ses cinq fourchons sont ovales et non plats comme les quatre fourchons de la fourche à creuser (les fourchons de ces deux types ont des bouts pointus). Contrairement à la fourche à fumier, plus délicate, la fourche à compost peut être enfoncée au centre du tas de compost, soulevée ou tirée sans faire plier les fourchons.

L'empattement de la fourche à compost est de 23 cm, ce qui permet à l'utilisateur de saisir une plus grande quantité de matière à chaque mouvement. En général, la tête est incurvée légèrement, comme une pelle, pour creuser et soulever plus facilement des amas de feuilles, de bois, de copeaux, de broussailles ou autre matière organique. L'espacement généreux des fourchons évite de déranger les organismes importants pendant que l'air pénètre au coeur du tas.

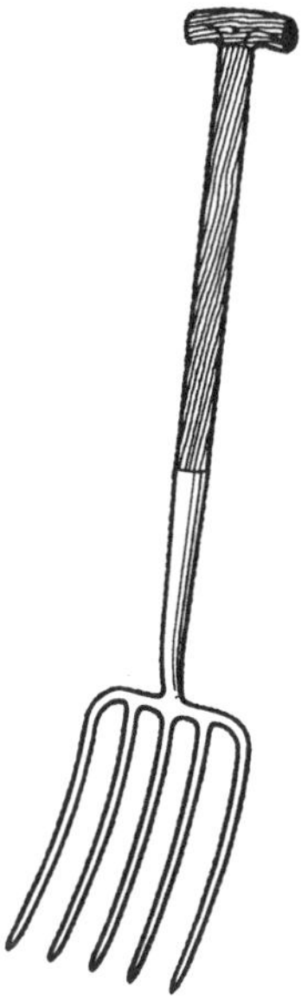

Bien qu'il existe de multiples variations de la fourche, la fourche à compost aux fourchons d'acier est un outil de base pour toute opération de compostage.

Les fourches à compost sont munies d'un solide manche en frêne, bien que certaines en ont un en fibre de verre. Le manche peut être long ou court et certains ont une poignée en T ou de conception ergonomique. Les meilleures fourches à compost sont construites avec une douille solide, où le manche est rivé à cette douille qui fait partie de la tête de la fourche et qui devrait durer indéfiniment si elle est bien entretenue. La fourche à compost est l'outil que vous utiliserez le plus, il est donc important d'acheter un modèle de grande qualité.

Chariots de Jardin et Brouettes: Si vous êtes déjà un jardinier, vous avez probablement une brouette ou un chariot pour transporter les plantes, les outils et les sacs de fertilisants d'une extrémité à l'autre de la cour. Lorsque vous commencerez à faire du compost, vous constaterez peut-être que votre chariot n'est pas suffisamment grand ou que vous avez besoin d'un deuxième véhicule, s'adaptant au transport des matières premières et du compost fini. Puisque les plus grosses brouettes contiennent environ seulement 0,17 mètre cube, leur utilité est limitée. Mais elles sont pratiques pour répartir de petites quantités de compost fini partout dans la cour. Les modèles munis de roues pneumatiques et construits à l'épreuve de la rouille sont les meilleurs. Préparez-vous à dépenser pour une grosse brouette de qualité supérieure.

Les chariots de jardin ont une capacité d'environ 0,54 mètre cube et sont les chevaux de trait de l'opération compostage. Leur contenant en forme de boîte et leurs côtés profonds leur donnent un équilibre et les rend aptes à recevoir des charges imposantes comme des balles de paille et de la mousse de tourbe. Les meilleurs auront un support unique fait d'une boucle métallique tubulaire qui traverse l'arrière du chariot pour équilibrer l'ensemble de la roue avant, plutôt que de posséder deux pattes séparées qui peuvent s'enfoncer dans le sol sous le poids d'une charge. La plupart des chariots sont faits de contreplaqué renforcé d'un cadre et de bordures de métal galvanisé; les plus dispendieuses sont faites d'acier recouvert de zinc. Une particularité très utile consiste en un panneau coulissant sur le devant, qui peut être enlevé facilement pour déverser le contenu. Les meilleurs chariots ont des pneumatiques à grand diamètre sur des roues plaquées de zinc et aux rayons soudés, dont l'essieu est un roulement à billes.

Les chariots légers pliants en aluminium sont semblables aux traditionnels chariots de jardin. Ils sont suffisamment forts pour transporter plusieurs centaines de kilos de matières diverses et sont faciles à entreposer. Ces chariots ont de grandes roues pneumatiques de 50 cm, un panneau frontal amovible et un châssis léger à l'épreuve de la rouille.

Une autre version est un hybride du chariot et de la brouette. Ses roues peuvent être ajustées le long de l'essieu pour être suffisamment écartées sous le plateau afin de le stabiliser, ou rapprochées sur l'essieu pour rouler sur un terrain difficile, ou encore monter sur une passerelle de planches. Il est fait d'acier peint et sa dimension de 1,22 m X 1,22 m X 1,22 m lui permet, lorsqu'un contenant à paillis y est incorporé, de transporter jusqu'à 2,83 mètres cubes de matières. Il est apte à supporter un poids de 180 kilos.

ÉMONDEURS ET ÉLAGUEURS: Des émondeurs et des élagueurs solides et de qualité, comme les émondeurs à longs manches qui s'attaquent aux tiges et aux branches plus grosses et plus résistantes, facilitent la préparation de la matière première organique. Ils sont vraiment efficaces pour couper et cisailler les broussailles, les arbrisseaux et les vignes à mettre sur le tas de compost.

Les poignées des émondeurs sont fabriquées d'un alliage forgé, de graphite léger ou de composite. Les mieux conçues sont en plastique de conception ergonomique ou rembourrées pour réduire la fatigue causée par une longue utilisation. Deux sortes de lames sont acceptables: de dérivation (lames courbées qui tranchent dans le bois comme un couteau) ou de type enclume (une lame descend sur une enclume de la largeur d'un doigt, comme un bloc à trancher). La lame à enclume est plus facile à utiliser pour ceux qui manquent de force ou ont de petites mains. Les lames de précision, à base creuse (une technique de fabrication spéciale qui renforce les lames et permet un aiguisage plus facile), peuvent être aiguisées pour donner un rendement efficace en tout temps. Les meilleures marques d'émondeurs offrent des pièces de remplacement.

Les élagueurs sont conçus comme les émondeurs. Leurs longs manches peuvent être fabriqués avec du frêne, un alliage forgé, de l'acier tubulaire ou de la fibre de verre. Certains sont munis d'un mécanisme facilitant la coupe des branches de grand diamètre, jusqu'à 4 à 5 cm. Au-delà de cette dimension, il faut une scie à émondage et le bois sera trop gros pour une défibreuse/déchiqueteuse.

BÂCHES POUR LES TAS: Les variations de température dérangent les tas de compost de façons diverses. Les grands vents les assèchent alors que les pluies torrentielles les refroidissent et rendent les matières azotées détrempées et anaérobies. Que le tas soit simple ou accéléré, il est sage de le recouvrir. Certains contenants et boîtes commerciaux sont munis de couvercles, réglant ainsi le problème. Cependant, si vous choisissez de ne pas enfermer le tas ou si votre contenant de fabrication domestique ne dispose pas d'un couvercle, une toile goudronnée fera l'affaire. La toile sera simple, imperméable et suffisamment flexible pour bien couvrir le tas. Assurez-vous qu'un tissu de type polythène résiste aux rayons UV et que les coutures soient renforcées pour plus de solidité. La bâche devrait être munie de bagues permettant de l'attacher sur le tas. Celles en plastique ou en canevas épais sont indiquées; les vieux rideaux de douche ne le sont pas. D'autres choix valables sont de la tôle, des panneaux de fibre de verre ondulé ou du contreplaqué pour l'extérieur.

THERMOMÈTRES À COMPOST: Faire du compost accéléré signifie lui permettre de chauffer pour mieux se décomposer; le thermomètre à compost est utile pour ce genre de fabrication. Il ressemble à un long thermomètre à fourneau. La base du cadran est en acier inoxydable et doit être montée sur une tige de 50 cm de long qui pénètre au centre du tas. Le cadran sera calibré de -20 ° à 120 ° C pour enregistrer des températures qui dépasseront 65 °C dans un tas chaud.

Un thermomètre à compost est utile à deux moments du processus de compostage. Premièrement, il vérifie si la pile a bien commencé à chauffer, confirmant ainsi le début de la décomposition. Si elle n'a pas chauffé pendant quelques jours, vous voudrez la refaire. Plus tard, le thermomètre indiquera que la température du tas a commencé à chuter. Pour maintenir une efficacité maximale dans le processus de compostage, vérifiez le thermomètre jusqu'à ce qu'il indique une température interne ayant plongé à 37,7 °C. Tournez alors le tas pour laisser pénétrer plus d'air afin qu'il puisse recommencer à chauffer.

La partie la plus importante du thermomètre est la longueur de la tige, laquelle devrait atteindre le centre du tas de compost.

INSTRUMENTS D'AÉRATION: Si vous avez un tas simple, il n'y a rien à faire. Cependant, vous voudrez peut-être stimuler la décomposition en y introduisant périodiquement un peu d'air.

Les instruments d'aération sont fabriqués à cette fin. Ils sont des variations d'une tige d'acier galvanisé de 90 cm munie de poignées coussinées à l'extrémité supérieure et d'une pointe dans le bas. À la pointe inférieure de la tige se trouvent deux volets à pentures ou brides qui se plient le long de la tige. Pour aérer le tas, plongez-y la tige profondément, tournez-la d'un quart de tour environ et commencez à la tirer vers le haut. Ce mouvement ouvre les volets dans le tas, créant des espaces d'air. En répétant l'opération à différents endroits, les matières sont déplacées et la décomposition est stimulée. La forme de la poignée varie et détermine la quantité de pression à appliquer sur l'outil en l'insérant dans le tas. Il est facile de s'en servir sur un nouveau tas, mais cet instrument d'aération pénétrera plus difficilement dans une pile bien tassée, surtout si elle est mouillée.

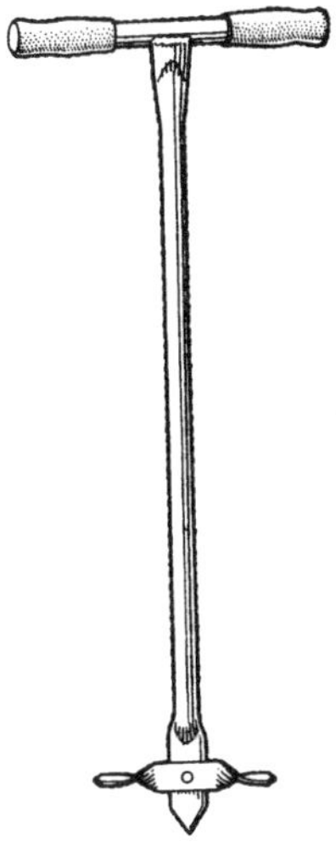

Les instruments d'aération introduisent de l'air dans les tas de compost sans exiger l'effort supplémentaire de les tourner.

ACTIVATEUR DE COMPOST: Puisqu'une grande variété de micro-organismes activent le processus de décomposition, plus ils sont nombreux, plus rapidement les matières organiques seront décomposées. Vous pouvez augmenter la population naturelle en ajoutant de la bonne terre saine ou en employant un activateur de compost.

Plusieurs produits étiquetés activateurs, catalyseurs, inoculateurs ou démarreurs pour accélérer la production de compost sont disponibles dans les centres horticoles ou par commande postale. Ce sont des poudres empaquetées pour être saupoudrées sur le tas; elles contiennent des bactéries vivantes, des enzymes, du son, de la luzerne ou un produit similaire qui stimule la bactérie dans l'environnement humide du tas de compost. Puisque la bactérie est vivante, achetez de l'activateur frais chaque année.

Les jardiniers expérimentés croient souvent que ces produits sont une dépense inutile. Il est difficile de mesurer et de vérifier leur efficacité parce qu'il y a tant de variables dans les matières et la construction du tas de compost. Il n'y a pas de standard pour mesurer avec précision la valeur relative de ces produits. Chaque compagnie compose sa propre formule d'ingrédients et décide de la quantité nécessaire pour un seul tas. Cependant, la recherche universitaire montre que les activateurs à compost ou inoculants font une différence, laquelle n'est peut être pas suffisante pour justifier la dépense et le temps investis de manière régulière. Parce que la nature fournit suffisamment de microbes qui se chargent de la décomposition, les activateurs devraient être facultatifs.

Il y a certaines situations, cependant, où l'activateur de compost ou catalyseur est utile. Si le ratio C/N du tas est grandement déséquilibré, composé presque exclusivement de feuilles ou de rognures de gazon par exemple, une plus grande quantité de microbes activera la décomposition et palliera à l'absence d'une matière suffisamment équilibrée en carbone ou en azote. Ils sont également utiles là où l'odeur est un problème dans le tas de compost, autour des poubelles, des toilettes extérieures et des décharges de déchets.

Les Passoires et les Tamis à Compost: À l'occasion seulement, vous voudrez tamiser le compost fini pour avoir un produit final uniformément texturé. Un compost concentré peut être utilisé sans problème comme paillis autour des arbres et des buissons et parmi les plantes. Une texture plus grossière peut paraître mieux et durera sûrement plus longtemps.

Cependant, le compost devrait être de texture fine lorsqu'il est mêlé à un terreau d'empotage pour des plantes d'intérieur ou d'extérieur. Une couche de surface de compost sur la pelouse doit aussi être d'une texture égale. Dans ces cas, un tamis aide beaucoup. Il y a des tamis commerciaux que l'on peut commander par la poste, et parfois on les trouve dans les centres horticoles de détail. Ils sont très faciles à fabriquer soi-même avec de la moustiquaire de 6 à 13 mm ou un treillis fin. On peut choisir entre un tamis manuel, un tamis à fort contenant ou un tamis pour chariot de jardin.

Pour ceux qui désirent produire de grandes quantités de compost, un grand cadre de tamis est le meilleur choix. On peut aisément le construire dans un carré de 60 cm avec de la mèche de 6 mm. En l'installant sur le sol dans un angle de 45°, vous pouvez simplement y jeter des pelletées de compost et ramasser le tout sur une bâche au-dessous.

Rappelez-vous que la décomposition survient lorsque les conditions sont favorables, sans égard à vos outils et à votre équipement. Cependant, plusieurs outils facilitent le processus surtout pour ceux qui sont impatients ou moins mobiles.

LES BIENFAITS DU COMPOST

Si la santé générale de votre jardin et de votre aménagement paysager vous tient à coeur, appliquez-y du compost généreusement. L'ajout de compost à la terre du jardin, autour des arbres et des bosquets, et sur votre pelouse, vous rapportera des dividendes sous forme de plantes saines, exemptes de maladies. On en retire également la satisfaction de recycler de la matière organique, le sentiment de bien-être ressenti après l'effort physique et le plaisir d'être en pleine nature, à creuser le sol.

Lorsque vous mêlez du compost au sol, les bénéfices qu'en retirent la cour et le jardin sont si importants que plusieurs jardiniers parlent du compost en terme d'or noir. Il revitalise les plus vieilles plantes et revigore les jeunes pousses. Parce qu'il y a tant de façons de s'en servir, on n'en a jamais assez.

Des quantités limitées de compost vous obligent à l'utiliser sur votre terrain selon certaines priorités. Décidez à l'avance s'il est plus important d'utiliser votre approvisionnement sur les plate-bandes du jardin où le sol n'a jamais été amélioré, en paillis sur les nouvelles pousses de légumes ou comme couche de surface sur la pelouse qui survit à peine. Vous pouvez aussi décider d'étirer votre compost en le mêlant à des matières acquises de sources commerciales ou municipales (voir pages 116-117).

LE COMPOST AMÉLIORE LE SOL

Pour tirer le plus d'avantages possibles du compost disponible, il faut en comprendre tous les bénéfices. Le compost est exclusivement un conditionneur de sol. L'ajout de compost à la terre de la cour et du jardin la transforme complètement: le compost modifie sa texture et lui insuffle de la vie pour mieux supporter les plantes de toutes sortes. Le compost contribue à restaurer un sol compact et stérile de façon à ce qu'il ressemble étroitement à la terre naturellement riche de la forêt.

ANALYSE DE LA TEXTURE DU SOL

Pour vérifier quelle est la part d'humus dans la terre, comparativement à sa composition en sable et en argile, faites cette expérience. Remplissez un pot de verre à moitié avec de la terre prise à différents endroits de votre cour (creusez au moins à 5 cm avec une cuillère). Remplissez d'eau le reste du pot. Vissez le couvercle et brassez vigoureusement pendant 30 secondes ou plus, afin de bien mêler la terre et l'eau. Laissez le pot sur le comptoir pendant quelques jours, afin de permettre à la terre de reposer. Ses particules se sépareront en couches visibles selon leur poids. L'humus flottera à la surface de l'eau.

LE COMPOST AMÉLIORE LA TEXTURE DU SOL: Parce qu'il est léger et fibreux, le compost aère tout sol dans lequel il est ajouté. Que vous le mêliez vous-même au sol ou que vous laissiez les vers le tirer vers la terre, le résultat donnera plus de bulles d'air autour des particules de terre. C'est la nature de ces particules, surtout leur dimension, qui détermine la texture du sol.

Si le sol est d'argile, les particules sont si fines qu'elles s'agglomèrent solidement. Il y a peu d'espace pour l'air autour d'elles et le sol semble dense et lourd. Les particules se soudent lorsqu'elles sont mouillées et l'ensemble ressemble à du mastic. Si le sol est sablonneux, les particules sont grossières et plus légères. Il y a trop d'espace autour d'elles et l'eau s'égoutte rapidement à travers elles.

La quantité d'espace autour des particules du sol déterminera comment les racines des plantes, surtout les jeunes nouvellement formées, peuvent pousser et s'étendre dans le sol à la recherche d'éléments essentiels comme l'air, les nutriments et l'humidité. Cela détermine aussi combien d'air, de nutriments et d'humidité le sol procurera aux racines des plantes. Celles-ci poussent bien dans une terre sablonneuse, mais le sol ne retient pas suffisamment l'eau et les nutriments. Les plantes poussent difficilement dans une terre argileuse, mais les nutriments et l'humidité y sont bien retenus. La texture idéale du sol se situe entre ces deux extrêmes, c'est la terre grasse, le terreau. Les particules des terres grasses ont une grosseur idéale. Elles sont suffisamment grossières pour ménager de l'espace à l'air et à l'eau, mais suffisamment fines pour empêcher l'humidité d'être drainée. Les terres grasses contiennent de l'humus qui aide la rétention d'humidité et facilite le drainage.

Tous les terrains n'ont pas un sol gras. Le compost améliore la terre en augmentant sa capacité de retenir l'humidité et de bien se drainer. Bien entendu, la matière organique fraîche se décomposera tôt ou tard dans le sol pour produire de l'humus, mais en même temps

ARGILE

SABLE

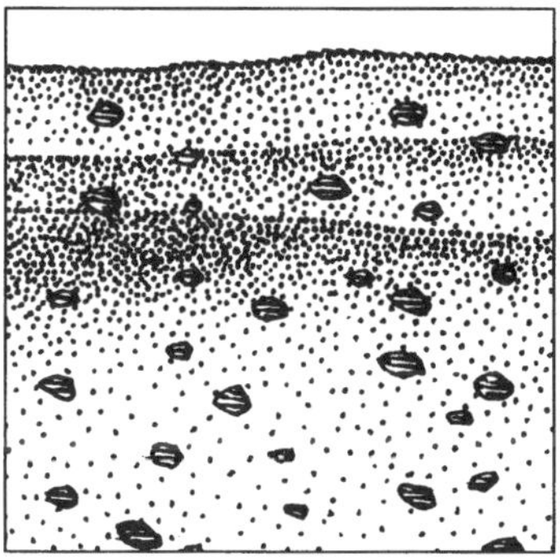

TERRE GRASSE

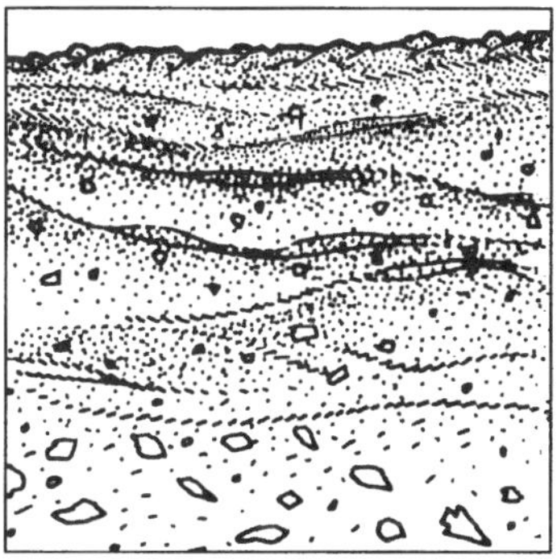

La densité des composants inorganiques du sol, en particulier les fines particules de roches et la présence d'humus, déterminent en bonne partie si le sol est de l'argile, du sable ou de la terre grasse.

cela prive le sol d'une partie de son azote pour compléter le processus de décomposition.

En ajoutant du compost, l'argile inférieure et la terre sablonneuse deviennent friables, plus légères et grumeleuses. En retenant mieux l'air et l'humidité, leur couche arabe (une combinaison de texture du sol et de sa capacité à retenir l'humidité) s'améliore.

LE COMPOST AUGMENTE L'ACTIVITÉ MICROBIENNE: À toutes les étapes de sa production, le compost contient quantité d'organismes, petits et grands, qui décomposent la matière organique première. Lorsque vous mêlez du compost au sol, il possède encore beaucoup de ces créatures vivantes. Elles font la différence entre un sol vivant et fertile ou mort et stérile. Elles ne peuvent vivre si elles n'ont pas d'humus pour les nourrir.

La principale contribution des micro-organismes est de briser les composés chimiques des particules du sol en des nutriments et ensuite de convertir ces nutriments dans une forme assimilable par les racines des plantes. Certains de ces micro-organismes sont des bactéries qui convertissent l'azote de l'air et le fixent dans le sol pour le rendre disponible aux plantes. D'autres bactéries, plus nombreuses dans le compost tiré de tas simples, manufacturent des antibiotiques qui attaquent les pathogènes du sol. Il y a aussi de bons insectes qui s'attaquent aux insectes nuisibles et à leurs oeufs dans le sol.

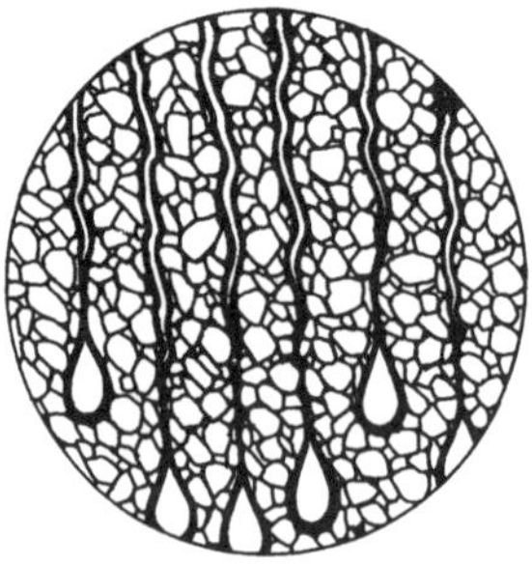

La terre non traitée au compost (en haut) laisse passer l'eau uniformément, alors que le sol ayant reçu du compost (en bas) retient l'eau et ainsi nourrit les racines plus efficacement.

Les micro-organismes jouent aussi un rôle important en fournissant la nourriture et l'air aux plantes. Celles-ci peuvent assimiler les nutriments seulement lorsqu'ils sont sous forme liquide ou gazeuse. Les bactéries, les champignons et autres microbes du compost augmentent la population microbienne déjà installée dans l'humus. Les micro-organismes introduits dans le compost accélèrent la conversion de l'azote, du phosphore, du potassium, du calcium, du bore et de plusieurs oligo-éléments et nutriments pour en faire des gaz et des liquides accessibles.

LE COMPOST FOURNIT DES ÉLÉMENTS NUTRITIFS: Même si le compost enrichit le sol, ce n'est pas un fertilisant. Avec le temps, le compost se décompose en nutriments essentiels employés par les plantes pour se nourrir, mais pas en variété et en quantité suffisantes pour constituer un substitut valable à un fertilisant général et équilibré. Le contenu en nutriments, dans le compost, change inévitablement d'un tas à l'autre, parce que les matières premières (ce qui revient au ratio C/N) qui composent les tas varient à chaque fois. La fréquence des rotations du tas, la chaleur interne atteinte et le rythme d'utilisation du compost, sont tous des facteurs qui affectent la présence et la composition des nutriments dans un tas de compost en particulier.

Les nutriments que le compost apporte ne sont pas directement disponibles aux plantes. Comme les fertilisants organiques, le compost dépend des organismes du sol pour transformer ses nutriments en liquide ou en gaz. Ainsi, le compost apportera différentes quantités de nutriments selon les organismes trouvés dans divers sols de votre propriété.

Lorsque le compost vient d'être ramassé et qu'il a été protégé de la pluie pour ne pas perdre ses nutriments, il contient certains additifs du sol très valables. Le compost frais apporte à n'importe quel sol une certaine quantité d'azote, de phos-

FER DANS LE SOL

Il semble logique de présumer que le sol argileux dense se draine difficilement et qu'un sol léger sablonneux se draine rapidement. Même si on considère ceci comme la norme, ce n'est pas techniquement exact. La présence de fer dans le sol contribue beaucoup à sa capacité de drainage. Un sol ferrugineux sera brun, autrement il aura l'air gris.

Si la terre argileuse est brune ou rouge plutôt que grise, elle se drainera facilement. Si le sol sablonneux est gris, il ne se drainera pas bien du tout. L'ajout de compost à une terre à problème peut compenser le manque de fer.

phore, de potassium et plusieurs oligo-éléments. Environ la moitié des nutriments sont libérés au profit des plantes durant la première année après que le compost ait été incorporé à la terre. La moitié des nutriments sont libérés durant la deuxième année et ainsi de suite.

Si le compost a été exposé aux éléments ou entreposé pendant l'hiver, il conserve certains micronutriments même si la majorité de ceux-ci ont été relâchés sous forme de gaz. Ainsi, même s'il ne se substitue pas aux fertilisants, tout compost améliorera la fertilité générale du sol et remédiera à une gamme de déficiences minérales.

Le compost équilibre la chimie du sol: différents groupes de plantes nécessitent certains niveaux d'acidité ou d'alcalinité pour permettre à leurs racines de recevoir les nutriments du sol. Les niveaux d'acidité et d'alcalinité sont mesurés en pH indiqué par un nombre sur une échelle de 1,0 à 9,0, le degré 7,0 étant neutre. Un sol au-dessous de 7,0 est plus acide; au-dessus de ce chiffre, il est plus alcalin.

Les plantes aimant l'acidité, comme les rhododendrons, les azalées et le houx, préfèrent un sol qui a un pH d'environ 4,5 à 6,5. Par opposition, les roses de Sharon, le buisson papillon et l'orpin acceptent un sol plus alcalin entre 7,5 et 8,0. Cependant, la majorité des plantes qui se trouvent le plus souvent dans un environnement résidentiel s'épanouissent dans un sol neutre, entre 6,0 et 7,2 environ.

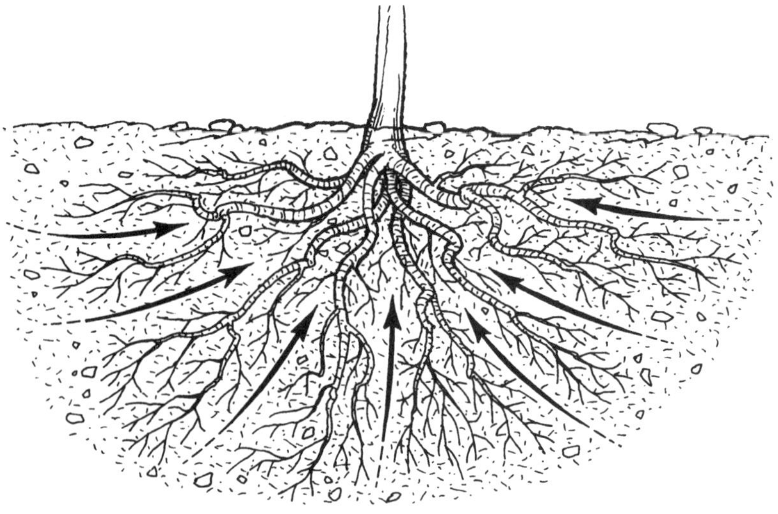

Le pH peut influer sur la facilité d'absorption des minéraux par les racines des plantes et sur les genres d'organismes qui vivront dans le sol.

Puisque l'assortiment de matière organique qui se retrouve dans le tas de compost typique de l'arrière-cour se décompose habituellement en un humus neutre, le compost n'influence pas directement le niveau de pH du sol. Cependant, des générations de jardiniers observateurs et plus récemment des scientifiques ont reconnu que le compost influence indirectement le pH du sol de diverses façons. On ne comprend pas bien comment cela se produit, mais les chercheurs ont observé que les plantes qui poussent dans un sol ayant un fort pourcentage de compost (2 % à 5 %), acquièrent la capacité de modifier la chimie du sol afin qu'il réponde à leurs besoins particuliers en pH à l'endroit où se développent leurs racines. Ceci ne se produira pas chez les jeunes plantes non encore établies, les fleurs annuelles ou parmi les légumes qui sont dans le sol seulement pendant quelques mois. Dans un sol enrichi de compost pendant des années, cependant, certains arbres et arbustes ont prouvé leur habileté à modifier les niveaux de pH.

Le Compost Protège des Températures Extrêmes du Sol: La température du sol est importante pour la santé et la croissance normale des plantes. Ajouter à la terre un compost riche et foncé est une façon de modifier la réaction du sol aux températures extrêmes et de protéger les plantes ou les semences. Si la température du sol excède 30 °C par exemple, la croissance des racines cesse jusqu'à ce que la température baisse. Le compost utilisé en paillis durant les mois chauds de l'été isole le sol contre le soleil et le garde à une température de 3 ° à 8 °C plus fraîche, permettant aux plantes de continuer à pousser et à produire. Si le sol est trop froid, la vie microbienne est stressée et les semences ne germeront pas. (La température du sol est plus importante pour la germination des semences que la température de l'air ambiant). Par exemple, indifféremment du moment où ils sont plantés à la fin de l'hiver, les pois germeront seulement lorsque le sol se réchauffera à 8 °C. Le système racinaire de la plupart des plantes ne pousse pas avant que le sol n'ait atteint au moins 18 °C ou plus. Mêlé à la couche supérieure où pousse les plantes, le compost rend le sol plus foncé et absorbe la chaleur, ce qui stimule une croissance plus hâtive.

LE COMPOST AMÉLIORE LES PLANTES

Que vous cultiviez des annuelles, des bulbes, des vivaces, des arbustes, des arbres ou des légumes, ils pousseront plus vigoureusement et produiront des fruits, des cônes, des graines et des fleurs plus abondamment si le sol est en santé et enrichi de compost.

Le stress est la cause la plus commune de problèmes chez les plantes. Les plantes mal plantées, qui n'ont pas la bonne exposition à la lumière ou qui poussent dans un sol pauvre, sont vulnérables parce que leur système est stressé par ces difficultés, leurs défenses naturelles se trouvent donc amoindries. Par ailleurs, si la terre dans laquelle elles poussent est améliorée par le compost, le stress est réduit et leur vigueur s'améliore. Elles réagissent mieux aux problèmes et leur résistance naturelle aux insectes et aux maladies est aussi renforcée.

LE COMPOST DIMINUE LE NOMBRE D'INSECTES NUISIBLES: En plus de réduire le stress des plantes en général, la terre mêlée de compost contient plusieurs organismes qui attaquent les oeufs et les larves d'insectes nuisibles qui autrement infesteraient les plantes. Les araignées et les fourmis sont de redoutables prédateurs des oeufs d'insectes nuisibles. La vie dans une terre saine maintient un équilibre nécessaire parmi toutes les populations d'insectes, chasseurs et proies, afin que la diversité biologique de base soit maintenue. Le compost ajoute aussi des acides gras au sol; ceux-ci contrôlent efficacement certains insectes nuisibles, comme les nématodes des racines.

LE COMPOST COMBAT LES MALADIES DES PLANTES: Toute terre régulière contient des virus, des bactéries et des spores fongiques. Ils font partie de sa vie. Certains de ces organismes constituent une équipe de décomposition alors que d'autres menacent la santé de la plante. Le compost ajouté à la terre contient beaucoup de micro-organismes qui combattent d'autres micro-organismes menaçant la santé des plantes. Certains organismes bénéfiques dans le compost éliminent les maladies fongiques, comme certains pourrissements et la fonte des semis qui envahissent les racines des plantes. Ces organismes combattant les maladies sont plus abondants dans le compost de basse température produit dans un tas simple. Si vous avez un tas accéléré, prenez le compost se trouvant à l'extérieur pour combattre les maladies, il ne devient pas aussi chaud.

Utilisé en paillis, le compost contribue également à contrôler les maladies des plantes. Les spores des maladies fongiques, comme la moisissure poudreuse, sont souvent répandues chez les plantes par des gouttes d'eau qui éclaboussent les feuilles à partir du sol. Une couche de compost mou et spongieux sous les plantes absorbe les gouttes d'eau et par le fait même élimine presque entièrement la prolifération des maladies fongiques.

Le Compost Combat les Mauvaises Herbes: Finalement le compost joue un rôle dans la lutte aux mauvaises herbes. Comme toute matière organique, il fait un excellent paillis, même s'il n'est pas entièrement décomposé. Étendu en couche de 8 à 10 cm sur le sol pour couvrir les racines ou répandu entre les plantes, il couvre les semences de mauvaises herbes qui ont besoin de soleil pour germer. Le compost accéléré, où de très hautes températures tuent toute semence de mauvaises herbes dans la matière organique du tas, est ce qu'il y a de mieux pour ce travail.

COMMENT UTILISER *LE* COMPOST

Le seul aspect négatif du compost c'est qu'il n'y en a jamais assez. La quantité de compost que vous produirez déterminera la façon dont vous l'utiliserez dans votre cour. Si vous voulez donner une couche de surface à la pelouse, il n'en restera pas beaucoup pour autre chose. Lorsque vous produisez quelques fournées de compost vous pouvez évaluer la quantité dont vous disposerez et établir vos priorités en conséquence.

À cause de sa capacité de stimuler un sol fatigué et compact, votre première priorité pourra être de mêler le compost au sol qui nécessite le plus de soin. La plate-bande de fleurs bien en vue près de la rue ou le jardin potager peuvent être les plus importants. Les priorités secondaires pourront être une couche de surface pour la pelouse, du paillis pour un arbre nouvellement planté ou la stimulation de jeunes pousses.

ÉTIRER LE COMPOST

Une façon fondamentale d'étirer une quantité limitée de compost est de l'utiliser parcimonieusement. Il ne faut pas beaucoup de compost pour donner à un sol presque aride un contenu en humus de 3 % à 5 %. L'épandage d'une couche de 6 mm d'épaisseur augmente le contenu organique du sol de presque 1 %, ce qui est plus qu'adéquat dans bien des cas. Après tout, même des sols pauvres contiennent déjà jusqu'à 2 % d'humus. Si un test du sol fait par un agent municipal ou par vous-même (voir page 84) montre que votre sol contient un minimum d'humus, même une couche de 6 mm de compost l'améliorera.

Une autre façon simple d'étirer votre compost est de le mêler avec de la mousse de sphaigne canadienne. Réputée pour sa capacité à retenir l'humidité et à aérer le sol, la mousse de sphaigne apporte un supplément au compost et permet de l'utiliser plus librement. Si le tas accéléré produit environ cinq boisseaux de compost, vous pouvez doubler la quantité en ajoutant une balle de mousse de 0,23 mètre cube, ce qui correspond environ à cinq boisseaux.

Le compost que vous ajoutez au sol ne durera pas éternellement, vous aurez donc besoin de quantités supplémentaires pour que le sol

TAMISAGE DU COMPOST

Le compost fini recueilli d'un tas simple ou accéléré pourra avoir une consistance inégale. C'est le cas lorsque les matières premières ne furent pas déchiquetées durant la production. Des mottes de matières partiellement décomposées ne représentent pas un problème à moins que vous vouliez l'ajouter à un mélange à empotage nécessitant une consistance fine et homogène.

Le tamisage du compost est facile à faire avec un tamis fabriqué de moustiquaire (13 mm est idéal) ou avec un tamis acheté dans un centre horticole. On l'installe sur une poubelle, un chariot de jardin ou une chaudière pour y recueillir le compost tamisé. Rejeter dans le tas les mottes et les feuilles empilées qui ne passent pas (elles continueront à se décomposer) ou employez-les en paillis sous les arbres et les arbustes.

Une autre façon de faire consiste à passer le compost fini et grossier dans une déchiqueteuse. Il aura la belle texture aérée et uniforme du terreau commercial à empotage. Le seul problème du compost déchiqueté c'est que la matière plus fine se décomposera plus rapidement dans le sol que la matière brute. De plus, le déchiquetage détruira les vers qui vivent dans le compost.

demeure sain. Le pourcentage d'humus du sol pourra prendre deux ans à diminuer dans un climat nordique, mais le temps requis est plus court dans un climat chaud qui active l'activité microbienne plus rapidement (le compost ajouté au sol durera rarement plus qu'une seule saison de croissance).

Utiliser le Compost dans l'Environnement Paysager

En prenant la décision d'utiliser le mieux possible votre précieux compost, soupesez toutes les options. Faites vos choix selon les priorités de votre terrain: un nouveau jardin est souvent le premier candidat à l'amélioration du sol; une section de pelouse mal en point bénéficiera d'une couche de surface de compost; il y a toujours des arbres et des arbustes qui profitent bien d'un paillis de compost. Les transplantations, les nouvelles pousses et les plantes en pot sont toutes susceptibles de recevoir votre précieux compost. Il peut même être utilisé comme emplâtre sur un arbre blessé.

Utiliser le Compost dans de Nouveaux Endroits: Un des usages les plus fréquents du compost est l'amélioration de la terre dans un nouveau jardin. Habituellement, la terre sous le gazon et sur le lieu d'une construction récente est en bien piètre état. Les constructeurs enlèvent régulièrement la couche de surface et déplacent à répétition de l'équipement lourd sur ce qui reste, rendant le sol stérile et très compressé. Lorsque ce sol inférieur devient une plate-bande, il nécessite beaucoup d'humus pour recevoir des plantes vigoureuses.

Un rotavator est un bon choix pour mêler le compost à la terre sur une grande surface.

Une quantité plus grande de compost est requise lorsqu'on désire bâtir un sol et non pas seulement l'améliorer. Commencez en préparant l'aire du nouveau jardin ou de la plate-bande en enlevant toute herbe qui pourrait la recouvrir. (L'herbe peut aller sur le tas de compost.) Ensuite, étendez une couche de

5 à 7 cm de compost sur toute la surface. Avec une pelle ou une herse, mêler la couche de compost jusqu'à 15 à 20 cm dans le sol. Ce n'est pas nécessaire de l'introduire plus profondément, la plupart des racines des plantes se tiennent près de la surface du sol. La population de vers de terre se développeront dans le nouvel humus et amèneront les nutriments plus loin dans le sol en se déplaçant.

Si une pelouse est prévue au programme, ne croyez pas que l'entrepreneur a remplacé la couche de surface qu'il avait enlevée par une terre de qualité égale ou meilleure. Plutôt, envisagez le pire scénario et améliorez le sol tel que décrit plus haut, afin qu'il supporte une pelouse saine. Ce long travail sera mieux fait en louant une herse à moteur. Puisque les aires gazonnées peuvent représenter plusieurs centaines de mètres carrés, un tel projet nécessitera d'énormes quantités de compost. Si vous avez la chance de demeurer près d'une source de compost municipal ou de boue compostée, utilisez-les pour améliorer la terre des nouvelles pelouses.

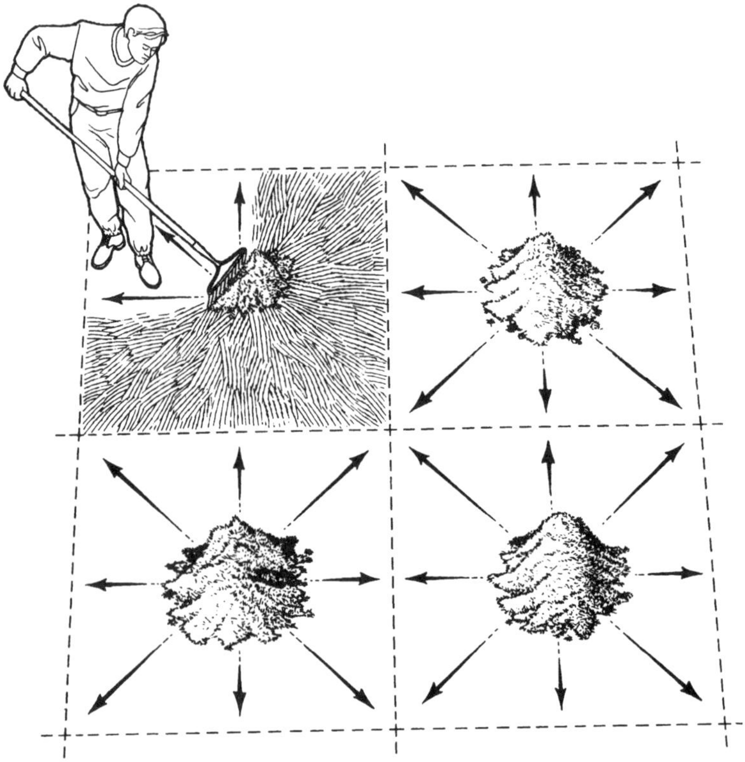

La meilleure façon de distribuer du compost sur la pelouse est de déverser des tas au milieu de carrés mesurés approximativement et d'étendre ce compost avec un râteau.

ÉTENDRE DU COMPOST SUR DES PELOUSES EXISTANTES: Le compost joue un grand rôle lorsque vous tentez de rehausser le sol qui supporte un pelouse. Si vous planifiez une rénovation complète de la pelouse, c'est-à-dire de recommencer avec du nouveau gazon, il est plus facile d'ajouter du compost au sol avant de planter de nouvelles semences. Un simple épandage de surface peut aussi stimuler la vigueur d'une pelouse dont la croissance est au point mort.

RÉNOVATION DE LA PELOUSE: La première opération du remplacement d'une pelouse inférieure par une nouvelle est de tuer tout le vieux gazon et les mauvaises herbes avec un herbicide sécuritaire comme *Roundup* ou *Finale*. Ensuite, étendez 25 mm de compost sur cette surface. Si la herse à moteur l'intègre à la terre, laissez aux semences de mauvaises herbes ramenées à la surface le temps de germer et ensuite tuez-les avec de l'herbicide. Lorsqu'elles sont mortes, ensemencez cet espace sans plus déranger le sol.

Une autre méthode consiste à aérer la pelouse après avoir tué l'herbe avec l'herbicide. Étendez le compost et ratissez-le légèrement dans les trous formés par le procédé d'aération. La semence de nouveau gazon peut être déposée directement sur le lit de compost. Ce système nécessite moins de travail et de temps et le compost sera absorbé dans le sol.

ÉPANDAGE DE SURFACE: L'ajout de compost à la terre qui se trouve sous l'herbe existante améliore aussi sa santé et la conserve bien fournie. Au printemps et à l'automne, coupez la pelouse un peu plus courte que d'habitude et étendez une couche d'environ 12 mm de compost. Cette couche de surface descendra dans la terre avec le temps et la revitalisera, ainsi que le gazon. Si vous planifiez d'aérer la pelouse, étendez le compost après pour faciliter son incorporation au sol. Les vers et autres organismes vivants feront le reste. La facilité avec laquelle votre gazon fera de

COMPOST SELON LA DIMENSION DU CONTENANT

Un contenant à compost moyen produira de 10 à 20 boisseaux de compost chaque année, s'il n'est pas accéléré. Dix boisseaux de compost suffisent pour étendre une couche de 12 mm sur 8,5 mètres carrés de jardin. Si le sol est si pauvre qu'il nécessite une couche de 25 mm, il faudra 20 boisseaux pour couvrir la même surface.

meilleures racines réduira le temps que vous devriez consacrer à la fertilisation et à l'arrosage.

TRAITEMENT DES MALADIES: L'herbe de pelouse est souvent affectée par des champignons. La moniliose et le fusarium peuvent être supprimés par une application de compost si on le fait assez tôt. Lorsque vous remarquez les premières taches de décoloration, étendez 12 mm de compost fini sur l'endroit infecté et évitez d'arroser pendant quelques jours.

S'il ne pleut pas pendant plusieurs jours, arrosez légèrement l'endroit traité, dans l'avant-midi, afin qu'il ait la chance de sécher avant la nuit, pour éviter l'humidité dont les champignons sont friands. Si les symptômes persistent pendant plus de deux semaines ou si la maladie se répand sur le gazon sain, pensez à utiliser un fongicide commercial pour jardin, recommandé pour le gazon.

UTILISER LE COMPOST DANS LE JARDIN OU LE POTAGER: Le compost est souvent utilisé dans les plate-bandes de jardins où ses bienfaits sont très appréciés. Son impact sur les fleurs, les légumes et les arbres fruitiers est remarquable. La quantité à utiliser et la façon de le faire varieront selon la dimension du jardin et la condition du sol. La règle habituelle est d'étendre environ 12 mm de compost sur le sol chaque année s'il est en bonne condition. Dans les plate-bandes où les plantes ne

TRAITER LES RACINES DES ARBRES EN SURFACE

Les racines des arbres exposées à la surface du sol sont désagréables à voir et constituent un risque d'accident si elles sont heurtées par une tondeuse à gazon ou un tailleur de mauvaises herbes, sans compter le danger possible pour les passants. N'essayez pas de masquer le problème sous des monceaux de terre. C'est mauvais pour l'arbre et cela peut lui être fatal.

Pour couvrir de façon sécuritaire les racines de surface des arbres, étalez une mince couche de terre très légère (un mélange égal de compost et de terre) sur la surface des racines. Graduellement, la pluie fera des petites mares entre les racines, puis le compost et la terre se mêleront au sol environnant. Étendez une autre couche de ce mélange léger. Répétez aussi souvent que la provision de compost le permet et aussi longtemps qu'il le faut pour établir graduellement une bonne couverture de sol au-dessus des racines.

produisent pas beaucoup et demandent un arrosage fréquent, étendre 25 mm de compost à chaque saison pendant un an ou deux, puis réduire à 12 mm par saison ensuite.

L'épandage du compost est plus facile à faire en automne lorsque les annuelles mortes ont été enlevées et que les vivaces sont dormantes. Plutôt que d'introduire le compost dans le sol, il faut l'étendre en surface et le couvrir d'un paillis d'hiver composé de feuilles hachées ou de paille qu'on laissera ainsi. Au printemps, le compost aura infiltré le sol grâce à l'activité de la vie microbienne et des vers de terre. Si le compost est étendu au printemps, il est préférable de le faire pénétrer dans le sol avec une truelle ou un motoculteur manuel, afin qu'il ne sèche pas au soleil.

Si la quantité de compost est minime, il suffit de l'étendre autour des plantes plutôt que de l'étendre sur toute la surface des plate-bandes. Un paillis de compost améliorera le sol à proximité de la plante et sera plus efficace s'il est étendu au printemps. Répandre le compost en cercle sur le sol autour de la tige de la plante sur une largeur aussi grande qu'elle, mais sans que le compost soit en contact avec la tige. Gratter légèrement la surface du sol pour y faire pénétrer un peu le compost, mais prendre garde aux racines superficielles des plantes.

Sinon, laisser le compost à la surface du sol, la pluie et les organismes dans la terre le feront pénétrer. Viser les plantes moins vigoureuses d'abord et étendre sur la surface entière si la quantité de compost est suffisante.

Le paillis de compost est un type de paillis dont l'épaisseur devrait être au moins de 5 cm. Le compost grossier ou partiellement décomposé est idéal pour cette fonction parce qu'il retient mieux l'humidité et combat les mauvaises herbes efficacement pendant qu'il se décompose lentement et pénètre le sol.

SE SERVIR DU COMPOST POUR LES ARBRES ET LES ARBUSTES: Une autre façon d'utiliser cette précieuse ressource qu'est le compost consiste à s'en servir comme paillis pour maintenir la bonne santé des arbres et des arbustes. Sa présence réduit la compétition avec la pelouse environnante pour l'eau et les nutriments et améliore le sol dans lequel poussent les racines relativement superficielles des arbres et des arbustes.

Creuser des trous autour de la ligne d'égouttement des arbres, c'est-à-dire le cercle représentant le pourtour de la frondaison de l'arbre, et les remplir avec du compost. Ceci conditionnera le sol pour deux ou trois ans.

Étendre une mince couche de compost sur le sol, la couvrir avec 5 à 7 cm de feuilles hachées, d'aiguilles de pin ou autres matières organiques afin d'empêcher le compost de sécher ou d'être balayé par le vent. Donner du compost aux arbres et aux arbustes qui sont déjà protégés par un cercle de paillis vivant ou par des plantes couvrant le sol, en le répandant parmi les plantes.

PROTECTION HIVERNALE: Le compost à la surface ou dans le sol contribue à réduire le stress hivernal des arbres et des arbustes, surtout s'ils sont jeunes ou nouvellement plantés. Il empêche la température du sol d'aller vers des extrêmes dans sa fluctuation entre la congélation et la fonte, ce qui peut soulever le sol et déranger les racines. Les conifères qui continuent à respirer et à perdre de l'humidité par leurs feuilles, en hiver, profitent beaucoup d'un paillis de compost. Sa présence leur permet d'avoir une humidité déjà disponible durant les jours plus doux d'hiver.

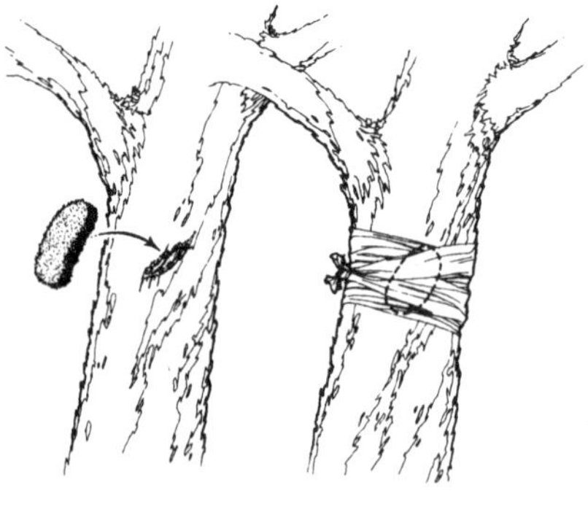

Pour protéger de l'infection les blessures d'un arbre, mouillez une motte de compost et fixez-la sur la plaie avec un pansement.

SOIGNER LES BLESSURES DES ARBRES: Le compost contient des organismes capables de supprimer des pathogènes, il est donc utile dans le traitement des blessures des arbres et des arbustes. Les dommages causés par les tempêtes, le vent ou l'équipement d'entretien du jardin peuvent briser la protection offerte par l'écorce et exposer les arbres et les bosquets à l'infection. Le compost utilisé comme compresse ou emplâtre sur une coupure ou une abrasion protège la blessure des organismes infectieux pendant que la plante régénère ses tissus et ferme ses plaies.

Afin de traiter la blessure d'un arbre ou d'un arbuste, humecter suffisamment de compost pour couvrir complètement l'endroit avec un emplâtre de 25 mm d'épaisseur. Le comprimer en tampon et le placer sur la blessure ouverte, en prenant soin de la couvrir entièrement tout en dépassant légèrement sur l'écorce saine tout autour. Fixer ce cataplasme en l'enveloppant avec des bandes de coton ou un autre tissu biodégradable qui convient comme pansement. L'arbre ou l'arbuste guérira en quelques mois, selon la dimension de la blessure, et vous pourrez enlever le pansement s'il n'a pas pourri entre-temps.

TRAITEMENT SPÉCIAL POUR LE SOL: Certains arbres ou arbustes de votre propriété peuvent être particulièrement importants ou fragiles et avoir besoin d'attention particulière. Une façon de stimuler leur vigueur et de maintenir leur santé est de traiter profondément le sol autour d'eux avec du compost. Donnez-leur un surplus de soins attentifs en injectant du compost dans des trous pratiqués à proximité de leurs racines. Ceci pourra fertiliser et conditionner le sol pour deux à trois ans.

Pratiquer des trous avec une perforeuse électrique à main dont la mèche est capable de faire des trous de 2,5 à 5 cm de largeur et de 25 à 30 cm de profondeur. (Ils seront seulement de 20 à 25 cm de profondeur pour les bosquets dont les racines sont un peu plus en surface.) Creuser des trous à tous les 45 cm dans la portion qui se trouve sous le système racinaire de l'arbre, si possible, à 2,5 ou 5 cm au-delà de la ligne d'écoulement. Ensuite, remplir le tiers inférieur

DU COMPOST POUR ÉLIMINER LES NÉMATODES

À certains endroits, les nématodes, des vers ronds microscopiques qui vivent dans la terre et se nourrissent de racines, sont un véritable problème. Un centre de recherche américain a fait des études poussées pour démontrer que le compost d'humus de feuilles (composé seulement de feuilles sèches) peut supprimer des populations de nématodes nuisibles. Différentes essences de feuilles partiellement décomposées sont toxiques pour les nématodes, mais les plus efficaces sont les aiguilles de pin. Mêlez-les à la terre du jardin à une profondeur de 15 à 20 cm où les nématodes constituent un problème. Répétez chaque année pour garder le contrôle de la situation.

de chaque trou avec une petite quantité de fertilisant en granules à action lente et compléter par du compost jusqu'en haut.

UTILISER LE COMPOST POUR LES TRANSPLANTATIONS: Si vous disposez seulement d'une petite quantité de compost fini, il est préférable de vous en servir au moment de la transplantation pour donner aux plantes toutes les chances de bien progresser dans leur nouvel emplacement. On ne recommande plus de mettre du compost ou de la terre dans les trous qui recevront des arbres ou des arbustes, mais ce compost sera très utile pour transplanter les pousses et les plantes en caissettes dans leur lieu permanent.

Un peu de compost dans le trou et autour aidera les jeunes pousses à supporter le choc de la transplantation et fournira un support nutritionnel constant durant la période de croissance. C'est surtout important pour les aménagements de vivaces ornementales ou pour les plants de légumes qui restent sur place année après année.

Si vous ajoutez systématiquement un peu de compost dans chacune des cavités qui recevra une plante chaque année, votre terrain en sera graduellement amélioré. Les endroits où vous plantez des annuelles régulièrement doivent avoir une très bonne terre.

INFUSION DE COMPOST COMME TONIQUE POUR LES PLANTES

Le compost sous forme liquide peut être utile à l'occasion. Appelé infusion de compost il contient les éléments nutritifs du compost mais pas son volume.

Pour faire de l'infusion de compost, fabriquez un sac solide avec une toile d'emballage ou un autre tissu poreux. Remplissez-le de compost et attachez-le comme un vrai sac de thé. Suspendez-le dans un baril ou un seau d'eau pendant quelques jours pour qu'il puisse s'infuser. L'eau extraira les nutriments du compost et les diluera en un tonique doux.

Ce liquide sert à détremper le sol, en le versant directement lorsqu'il faut l'arroser. C'est idéal pour les nouvelles plantes et les très jeunes pousses qui ne supportent pas encore les fertilisants. Il est également adéquat pour arroser les plantes d'intérieur et les plantes en pot.

Utiliser du Compost pour Faire Démarrer les Jeunes Pousses: Puisqu'il est efficace pour combattre les maladies des plantes, le compost protège les nouveaux plants de la fonte des semis, une maladie fongique qui s'attaque aux jeunes plantes qui furent ensemencées à l'intérieur. Ajoutez au terreau utilisé pour les jeunes pousses du compost fait à de basses température (tas simple). Un bon mélange sera un tiers de compost, un tiers de vermiculite et un tiers de perlite ou de sable grossier. Les microbes du compost aideront à supprimer les spores de la fonte des semis. Lorsque les pousses émergent, donnez-leur une bonne circulation d'air en installant un ventilateur pour maintenir une très légère brise sur elles.

Se Servir du Compost pour les Contenants: Le meilleur mélange pour remplir les contenants de plantes, à l'intérieur comme à l'extérieur, est un mélange sans terre. Contrairement au sol régulier du jardin, il est léger et libre de pathogènes et de semences de mauvaises herbes. Il s'égoutte bien et en même temps retient l'humidité parce qu'il est surtout composé d'humus sous forme de mousse de tourbe. Cependant, puisqu'il ne contient pas de terre, il n'a aucun élément nutritif. Mêler du compost à un mélange d'empotage sans terre apporte un peu d'élément nutritif et introduit une activité microbienne autour des racines des nouvelles pousses, des plantes d'intérieur et des annuelles garnissant les jardinières. Ajoutez environ un tiers de compost tamisé à la combinaison de mousse de tourbe, de vermiculite et de perlite dans un mélange sans terre commercial ou domestique pour remplir des contenants. Puisque l'effet bénéfique du compost s'atténuera avec le temps, comme cela se produit dans le jardin, il faut ajouter régulièrement du fertilisant dilué liquide aux plantes.

Résoudre *les* Problèmes *de* Compostage

Le compostage n'est pas une science exacte. Même les préparations les plus soigneusement conçues sont souvent à la merci du hasard ou des circonstances. Les surprises de la température, les problèmes suscités par l'équipement, la rareté des matières premières organiques et les limites de temps sont quelques-uns des facteurs qui peuvent miner une opération de compostage bien amorcée et efficace. Ces défis sont presque impossibles à prévoir, mais une partie de l'activité entourant le compostage est la satisfaction de résoudre les pépins qui surviennent de temps à autre.

Certains problèmes sont si communs qu'ils peuvent être anticipés. Le plus souvent une série de problèmes résulte d'un tas qui n'a pas été bâti correctement. Ceci se produit souvent dans le cas des novices et le problème se reconnaît à la température trop basse du tas, à son manque d'humidité ou à l'odeur désagréable qui s'en dégage. Un autre obstacle fréquent implique le recyclage des déchets organiques de la cuisine si l'on n'a pas d'espace pour un tas. Enfin, il y a l'inévitable problème du manque de compost pour répondre à tous les besoins.

PROBLÈMES AVEC LE TAS DE COMPOST

Que vous ayez un tas de compost simple ou accéléré, arrive un moment où ça ne va plus. L'endroit où vous vivez fait une différence. Par exemple, en milieu rural, la senteur du tas n'est pas une préoccupation majeure, parce qu'il n'y a pas de voisins immédiats. Les visites occasionnelles des rodeurs à quatre pattes ne sont pas remarquées. Par contraste, la tolérance est presque nulle envers les tas qui dégagent des odeurs dans une banlieue ou dans un environnement urbain où les règlements concernant la santé publique et le zonage sont plus sévères. Tous les problèmes reliés au tas de compost n'affectent pas la totalité des gens qui s'en servent.

LE TAS SENT MAUVAIS: Le problème le plus fréquent, pour le novice comme pour le jardinier d'expérience, est l'odeur désagréable que le tas peut dégager. Les causes peuvent être multiples, la plus commune étant une concentration de matières azotées, comme les rognures de gazon ou les mauvaises herbes qui sont devenues anaérobies et se sont putréfiées plutôt que de se décomposer. Un animal peut être mort sur le tas ou vous pouvez y avoir incorporé, par inadvertance, des produits animaux qui ont pourri. Peu importe la cause, la solution aux odeurs est simple. Il suffit de brasser les matières organiques qui s'y trouvent en y ajoutant des matières carboniques qui injecteront de l'air dans le tas et équilibreront le ratio C/N. L'odeur se dissipera rapidement avec ce traitement.

Il est important de mêler complètement les matières carboniques brunes. Couvrir la source de l'odeur peut la supprimer temporairement, mais elle reviendra à moins que les matières en putréfaction soient complètement mélangées près de la partie supérieure du tas. Toujours conserver un sac ou deux de feuilles séchées, des balles de paille ou de foin en réserve, au cas ou le problème se manifesterait à nouveau. Cette situation survient habituellement avec la chaleur de l'été lorsque les matières carboniques sont rares. Si vous n'avez pas de matière carbonique à mêler dans la pile malodorante, la mousse de sphaigne canadienne est un bon substitut.

Les problèmes d'odeur seront plus présents dans une pile simple, parce que les matières organiques premières sont entassées au hasard au fur et à mesure qu'elles sont accumulées. Puisqu'il n'y a pas de rotation ou de mélange périodique, les matières azotées se concentrent dans un endroit et deviennent anaérobie. Si le tas est dans un enclos ou dans un contenant, assurez-vous que vous pouvez y accéder facilement par le dessus pour le mêler si des odeurs s'en dégagent.

LE TAS EST ASSÉCHÉ: Les tas simples et accélérés se placent et deviennent plus petits avec le temps alors que le processus de décomposition réduit le volume des matières premières organiques au centre. Normalement, un tas devient de 20 % à 30 % plus petit sur un mois ou deux. Si le tas ne refoule pas durant ce temps, c'est peut-être parce que les matières ont séché et que les micro-organismes nécessaires à la décomposition n'ont pas travaillé par manque d'humidité.

Pour que la décomposition se fasse, les matières doivent être humides. C'est une bonne idée de composer le tas à partir de matières qui ont subi la pluie ou qui sont humides avant d'être assemblées dans le contenant ou à proximité du tas. Parce que les bords extérieurs de la pile sont exposés à l'air, les matières s'assèchent entre les averses et se décomposent très lentement. C'est normal. Si vous avez un tas accéléré, mêlez régulièrement les matières extérieures avec celles au centre du tas, afin qu'elles se décomposent en temps voulu.

Une façon simple d'humidifier un tas sec est d'y insérer un boyau d'arrosage au centre pendant une courte période de temps et ensuite de mêler complètement le tout.

Un problème semblable se produit lorsque les matières au centre du tas sont trop sèches. (Elles n'étaient probablement pas assez humides lorsque la pile a été bâtie.) Comme elles ne peuvent être humidifiées par des pluies subséquentes, la décomposition arrête. La situation devient apparente lorsque vous remarquez que le tas n'a pas diminué depuis un certain temps. La solution la plus facile est d'insérer un boyau d'arrosage assez profondément dans le tas, à plus d'un endroit, en laissant l'eau couler lentement à l'intérieur.

Une autre solution est de découvrir le tas s'il est dans un contenant couvert et de pratiquer un trou au sommet afin que l'eau de pluie s'y accumule pendant deux averses. Il ne vaut pas la peine de mouiller seulement le haut du tas, parce que l'eau coulera sans pénétrer au centre. Si le tas est accéléré, tournez-le suffisamment, humidifiant les matières au centre à mesure que vous les découvrez et refaites la pile. Rappelez-vous qu'elle doit être humide mais non détrempée. Après quelques jours, vérifiez si le tas se réchauffe au centre; ce sera le signe que les micro-organismes sont de retour au travail.

LE TAS EST TROP MOUILLÉ: Parfois le tas de compost peut devenir trop mouillé. C'est le cas pour les tas simples exposés à l'air libre. S'il y a des bâtons, des branches et d'autres matières brutes dans le mélange, la pile restera suffisamment aérée pour permettre à la pluie de la pénétrer et de bien la mouiller. Si vous la laissez ainsi, elle se décomposera plus lentement que d'habitude et commencera peut-être à dégager des odeurs. Si possible, découvrez une couche sur le dessus pour permettre à l'air de mieux pénétrer. Le tas doit sécher durant la belle températurc, puis être couvert d'une toile protectrice car la pluie le détremperait encore et retarderait d'autant la décomposition.

Pour remédier au problème dans un tas accéléré, retournez-le et ajoutez-y des matières carboniques fraîches, comme des feuilles, de la paille ou de la tourbe. Les matières exposées à l'air sécheront un peu et celles qui s'ajoutent, si elles sont carboniques et sèches, absorberont plus d'humidité, empêchant ainsi le tas entier de se putréfier.

LE TAS EST FROID: La température interne du tas n'est pas importante si c'est un tas simple. Cependant, pour le tas accéléré, si le centre ne chauffe pas suffisamment il y a un problème. Le centre devrait être si chaud qu'il serait inconfortable d'y mettre la main.

La raison principale d'accélérer un compost est de le stimuler à chauffer et à rester chaud le plus longtemps possible. La chaleur constante décomposera efficacement les matières organiques et produira du compost aussi rapidement que possible. Si le tas ne chauffe pas à haute température, même après quc vous l'ayez bâti avec des matières azotées et carboniques uniformément hachées et mêlées par rotation, c'est peut-être qu'il n'est pas assez gros.

Pour atteindre la température interne maximale, un tas a besoin d'être à la masse critique représentée par un espace de 1,22 m X 1,22 m X 1,22 m à 1,50 m X 1,50 m X 1,50 m. Un tas plus petit ne pourra générer l'activité microbienne nécessaire pour dégager une haute température. Pour la faire monter, ajouter plus de matières déchiquetées la prochaine fois que le tas sera retourné, ceci afin d'augmenter le volume jusqu'à atteindre la dimension susceptible de stimuler la vie nécessaire pour produire la chaleur.

LE TAS GÈLE: Les organismes responsables de la décomposition dans un tas de compost sont à leur meilleur dans la température chaude de la fin du printemps, de l'été et du début de l'automne. Ils sont moins actifs lorsque la température baisse sous 0 °C. Dans les régions où l'hiver est rigoureux, la chaleur résiduelle de la pile se dissipe, l'activité des organismes de décomposition diminue et l'humidité peut geler.

Si le tas gèle, il n'y a pas de mal. La décomposition arrête et c'est tout. Tout recommencera au printemps, avec le dégel.

Pour prévenir le gel dans un tas simple, couvrir le dessus d'un plastique clair qui emmagasine la chaleur solaire et protège du gel. Il faut sacrifier temporairement la circulation d'air autour du tas, mais ce n'est pas important. Autrement, si les températures environnantes ne descendent pas sous le point de congélation, une couche de matière isolante, comme des feuilles hachées ou de la paille ajoutées à l'extérieur du tas produiront le même effet.

Si le tas est accéléré, vous pouvez prévenir la congélation en l'aérant. Même si vous laissez ainsi échapper de la chaleur, l'infusion d'air et de matières azotées disponibles de la cuisine revigorera les organismes endormis. Leur activité renouvelée devrait élever la température au centre du tas suffisamment pour empêcher la congélation.

LE TAS ATTIRE DES INSECTES: Les tas de compost accueillent toutes sortes d'insectes bénéfiques et d'autres organismes qui participent au processus de décomposition. Mais parfois, les tas reçoivent la visite d'insectes nuisibles attirés par les matières qui pourrissent et se putréfient. Les mouches à fruits, les mouches domestiques, les petites guêpes et autres ne sont pas désirables. En fait, si elles volent autour et font leur nid dans le tas, c'est un signe qu'il n'est pas bien construit ou entretenu. Il est beaucoup plus facile de prévenir de pareilles infestations que de s'en débarrasser. Les insectes nuisibles sont généralement attirés par les déchets de nourriture, surtout les aliments sucrés comme la chair et la pelure des fruits. Lorsque vous jetez des restes de cuisine sur un tas simple ou sur un tas d'entreposage qui attend d'être déchiqueté, prenez la peine de les couvrir d'une bonne couche de matières carboniques, comme des feuilles, de la sciure de bois, des aiguilles de pin ou quelque chose de semblable. Couvrir le tas seulement avec une bâche n'est pas efficace contre les mouches.

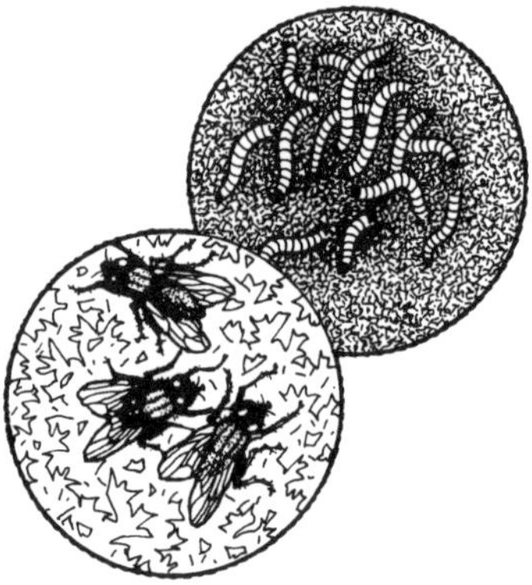

La présence de mouches ou de larves dans le tas de compost signifie habituellement que les déchets d'aliments n'ont pas été bien mêlés avec des matières carboniques.

Si vous remarquez des larves de mouches, vous avez un grave problème. Tournez le tas aussitôt que possible, ainsi les larves iront au centre du tas et la chaleur les tuera.

Si vous ne pouvez pas tourner le tas ou qu'il doit rester tel quel, vous pouvez régler le problème des larves en faisant agir les prédateurs naturels, comme des guêpes parasites ou des nématodes prédateurs. Il peut déjà y avoir des guêpes parasites dans votre cour, mais elles ne sont pas suffisamment nombreuses pour régler le cas des larves. Vous pouvez en acquérir d'autres par commande postale.

Les nématodes prédateurs sont également disponibles par catalogue et dans les centres horticoles, empaquetés sous forme de poudre activée par l'eau. Vaporisez ces vers ronds microscopiques sur l'endroit infesté de larves et ils les tueront en quelques jours. Il y a aussi les insecticides synthétiques comme le malathion et le carbaryl. Ils tuent les larves et se décomposent en leurs éléments chimiques inoffensifs en un mois ou deux.

Le Tas Attire les Animaux Indésirables: Les traces d'aliments dans les tas de compost attirent les animaux sauvages comme les ratons laveurs, les rats, les opossums et les chats errants en quête de nourriture. Même les chats et les chiens domestiques tourneront autour si certaines matières dans le tas ne sont pas adéquatement mêlées.

Éviter les problèmes d'animaux en traitant adéquatement les déchets dans et autour du tas. Ne jamais mettre de viande ou de produits carnés sur un tas de compost. C'est facile d'ajouter par mégarde un os de poulet, un reste de beurre ou de la sauce avec les pelures de légumes ou les épis de maïs du repas. Si cela arrive, enterrer tous les déchets sur la pile sous une couche de matière carbonique et mêler le tout très bien. Garder de la paille, des feuilles sèches ou de la sciure de bois disponibles en tout temps pour ces occasions, surtout si vous avez un tas simple qui n'est jamais retourné.

ATTENTION AUX PETITES GUÊPES

En été, dans certains endroits, les petites guêpes sont un véritable problème. Non seulement sont-elles désagréables, attaquant sans provocation, mais leurs habitudes de nidification causent problème pour les opérations de compostage.

Les petites guêpes préfèrent bâtir leurs nids dans le sol ou près des endroits négligés comme les herbes hautes ou les broussailles empilées. Pour cette raison, les tas de compost simple les attirent. Les guêpes s'infiltrent dans les tas offrant de l'humidité, des matières organiques pourrissantes et de la tranquillité. Attendez-vous à trouver un nid si vous remuez le tas à la fin de l'été.

Les Déchets Domestiques, les Restes de Table

Plusieurs personnes qui s'adonnent au compostage ne mettent jamais de déchets domestiques dans le tas. Elles préfèrent les composter séparément. La forte proportion en azote de ces déchets leur permet de se décomposer rapidement et les rendent faciles à utiliser de diverses manières. Il y a ceux qui n'ont pas de cour arrière dans laquelle jardiner et composter, mais qui veulent quand même recycler les déchets organiques de la cuisine.

LIQUÉFIER POUR OBTENIR DU COMPOST: Les déchets de cuisine, en excluant la viande, peuvent être mis en purée pour en tirer un liquide utilisé comme compost. Un mélangeur de force industrielle est capable de liquéfier même les pelures coriaces, les rognures, les tiges de brocoli et autres déchets. Verser cette purée directement sur les plate-bandes, autour des arbres et des arbustes et le long des haies. Couverte de paillis, elle ne produit pas d'odeur, n'attire pas les animaux et remplace le fertilisant à ces endroits. Les organismes dans le sol tireront ces déchets liquides dans la terre ou encore vous pouvez les verser dans des trous aménagés à cet effet.

QU'EN EST-IL DES RÉSIDUS DE PESTICIDES?

Si vous décidez d'aller chercher des matières organiques à l'extérieur de votre terrain pour les besoins de votre projet de compostage, il est toujours possible qu'elles soient contaminées par des résidus de pesticides. Cela est particulièrement vrai s'il s'agit de rognures de gazon. Les propriétaires et les services d'entretien des terrains vaporisent régulièrement des herbicides et des pesticides préventifs sur les pelouses. Les résidus contamineront votre compost et devraient être évités.

Le problème est moindre s'il a plu avant que le gazon ne soit coupé. Ceci lavera les résidus qui s'en iront dans le sol, où les microbes s'activeront à les décomposer. Essayez d'acquérir les rognures sur les terrains où l'on n'utilise pas de pesticide ou attendez après une pluie abondante pour vous approprier les sacs de rognures déposés en bordure de la rue.

Si vous découvrez des pesticides dans la pile de compost, la recherche a établi que la plupart de ceux fabriqués pour usage domestique sont décomposés durant le compostage. Les températures internes élevées dans un tas accéléré se chargent du travail. Les traces de pesticides qui apparaissent dans le compost fini sont au bas de l'échelle du sol de banlieue typique, qui souvent contient déjà de petites quantités de résidus de pesticides.

LAISSER LES VERS S'EN CHARGER: Le vermicompostage ou le compostage avec des vers est une bonne façon de recycler les restes de table (y compris la viande) à l'année longue. Les vers de terre ordinaires sont très difficiles à élever dans la maison, malgré ce qu'en dit la publicité. Le ver à compost ou ver rouge est la meilleure espèce faite pour la vie dans une boîte au sous-sol. Parce que ces vers rouges ne survivent pas en hiver, une boîte à vers est également utile pour les faire hiverner à l'intérieur jusqu'à ce qu'ils puissent regagner le tas.

Installer la boîte à vers dans le sous-sol, le garage chauffé ou un grenier à une température se situant entre 13 ° et 30 °C. La dimension de la boîte dépendra de la quantité de déchets que vous voulez composter; si elle est trop petite, les vers ne pourront pas décomposer de grandes quantités de déchets. Allouez environ 0,18 mètre carré de surface par kilo de déchets produits hebdomadairement; 3 kilos par semaine nécessitent environ 0,54 mètre carré de surface (soit un espace d'environ 55 cm par 1 m). Fabriquer une boîte de 20 à 30 cm de profondeur; une boîte plus profonde comprimera trop la matière.

Le vermicompostage est une excellente manière de recycler les restes de table et peut parfois donner de l'infusion de compost.

Calculez environ 2 000 vers à compostage (1 kilo environ) pour 3,5 kilos de déchets de cuisines générés dans une semaine. Si vous produisez environ 250 g de déchets de cuisine par jour, alors 500 g de vers (1 000) devrait suffire à la tâche. Rappelez-vous que les vers rouges se multiplient assez vite pour s'adapter à toute augmentation des déchets.

Installez un lit de matière organique comme des feuilles hachées, du papier journal et du carton déchiquetés ou de la tourbe. Ajoutez quelques poignées de terre du jardin au mélange pour introduire des agents de décomposition microbiens. Afin de maintenir l'aération et l'humidité requises au fur et à mesure de la décomposition, ajoutez plus de lit de matière organique au milieu de l'hiver: les vers auront ainsi suffisamment d'oxygène pour faciliter leur activité et leur reproduction.

Essayez de maintenir 75 % d'humidité. Pesez le lit de matière et mêlez-y de l'eau égale à trois fois son poids. (Un litre d'eau pèse environ 500 g). Assurez-vous qu'il est complètement mouillé avant d'y ajouter les vers. Couvrir la boîte avec une feuille de plastique noir ou un couvercle en bois pour garder l'humidité et ne pas faire pénétrer la lumière.

Lorsque les vers sont installés dans la boîte, ajoutez-y des déchets. Adoptez un rythme qui ne touchera pas, pendant quelques semaines, les matières mises dans un coin particulier. Les déchets n'ont pas besoin d'être hachés, mais ils se décomposeront plus rapi-

CONNAISSEZ VOS VERS

Diverses espèces de vers sont souvent regroupées sous l'appellation générale de vers de terre, le rampant de nuit étant le plus commun. Il faut distinguer entre le ver de terre commun (*Lumbricus terrestris*), qui reste dans la cour toute l'année et le ver à compost ou ver rouge (*Lumbricus rubellus*), qui est hautement spécialisé en compostage mais ne peut survivre ailleurs.

Connus comme vers rouges, vers à compost, tortillants rouges, vers à fumier ou hybrides rouges, ces vers se reproduisent beaucoup plus rapidement que les vers de terre commun. Par conséquent, ils décomposent plus de matière organique que les vers de terre parce qu'ils augmentent leur population de façon exponentielle. Huit vers rouges seulement sont nécessaires pour en produire 1 500 nouveaux en six mois.

Les vers rouges ne survivent pas généralement autour de la maison, il faut donc en acheter d'autres chaque année. Ils sont de deux types: *eisenia foetida* qui ne peut pas vivre dans la terre; *lumbricus rubellus* qui survit parfois dans le sol. Les deux sont de bons vers de compostage.

dement s'ils le sont. Passez les déchets au mélangeur ou au robot culinaire d'abord, puis égouttez le liquide et ce sera du compost en quelques semaines. Rappelez-vous de couvrir les déchets avec le lit de matières.

Renouvelez la boîte à vers tous les deux ou quatre mois en ajoutant un nouveau lit et en enlevant une partie ou tout le compost. Une façon facile de le faire est d'étendre la moitié du contenu de la boîte, vers compris, à l'extérieur, en compost. Les vers mourront de froid mais contribueront à la fertilisation. Remplir la place dans la boîte avec un lit de matière fraîche. Ne pas mettre de nouveaux déchets sur le vieux lit de matières pour forcer les vers à aller vers les nouvelles matières. Après trois ou quatre semaines, enlever le vieux lit avec les vers qui y sont encore et le remplacer par un nouveau. La ferme de vers est maintenant en place pour une autre période de deux à trois mois.

COMPOSTAGE ANAÉROBIE: Les déchets de cuisine peuvent être compostés dans des contenants qui les mettent à l'abri des animaux rodeurs. Les tambours culbuteurs à compost et les autoclaves à compost sont des exemples de ce genre d'équipement. Ils ne sont pas faits pour produire du compost comme tel, mais ils assurent un espace pour traiter les restes de cuisine en tout genre et les mettent hors du système municipal de collecte des ordures. Ils sont habituellement hermétiquement fermés de façon à ce que l'air nécessaire à la décomposition soit limité.

La petite quantité de matière décomposée qu'ils produisent n'a pas la même consistance que le compost fait selon un mélange de matière carbonique et de matière azotée dans un tas standard. Puisque la matière est surtout à base de produits azotés et qu'elle est traitée de manière anaérobie, elle devient visqueuse et malodorante. Il est préférable de l'enterrer au jardin ou de la mêler au tas régulier.

LES SUBSTITUTIONS LORSQU'IL NE RESTE PLUS DE COMPOST

Heureusement, il y a plusieurs alternatives au compost domestique si vous êtes dans l'impossibilité d'en faire vous-même. Dans certains endroits, les municipalités produisent de l'humus et le rendent disponible aux résidents. Le centre horticole local ou une ferme sont d'autres lieux où l'on peut trouver cette denrée. Ce substitut peut facilement être utilisé à la place du compost ou mêlé avec le compost pour l'étirer et pour en mettre à plus d'endroits sur le terrain.

COMPOST DE FEUILLES OFFERT PAR LES MUNICIPALITÉS: Certaines municipalités ont la bonne idée de composter les feuilles tombées qu'elles ramassent chez les propriétaires. Elles vendent ensuite ces feuilles décomposées aux résidents pour une somme raisonnable. C'est une excellente source de compost de feuilles ou de paillis, il faut en profiter. Ce produit fait aussi un bon démarreur pour un tas (si vous déchiquetez ou hachez les feuilles entremêlées) afin d'être composté encore plus pour faire un meilleur produit.

COMPOSTAGE DES BOUES MUNICIPALES RÉSIDUELLES: Plus de 130 villes aux États-Unis et au Canada compostent les boues résiduelles, c'est-à-dire le résidu solide des égouts liquides, pour en faire un humus noir et riche idéal pour les terrains résidentiels. Plutôt que de déverser les égouts dans l'océan ou de trouver à ce problème d'autres solutions inacceptables, le compost fait avec les effluents liquides de l'industrie et des toilettes des résidences privées produit un excellent conditionneur de sol. Habituellement, les résidus solide des égouts sont mêlés avec des copeaux de bois qui apportent le carbone et sont compostés pendant 30 jours. Ensuite, ils sont tamisés, mêlés avec d'autres copeaux et compostés pour 30 jours encore. Le produit final est conforme ou dépasse tous les standards.

Parce qu'elle a un contenu organique plus élevé que le compost domestique, la valeur de la boue municipale compostée dure plus longtemps. Une couche de surface de 1,5 cm étendue sur la pelouse sera bénéfique pendant deux à trois ans.

LA TERRE DE CHAMPIGNONS: Dans les régions où existe une industrie du champignon, on retrouve une autre excellente source d'humus. Les champignons sont cultivés dans un mélange de paille et de fumier compostés. Ce mélange ne peut servir deux fois à la culture des champignons. Il fait donc un excellent conditionneur de sol et peut être acheté des producteurs à un prix raisonnable. Laissez-le reposer durant six semaines avant de l'utiliser dans votre jardin afin que le fumier soit suffisamment âgé pour être répandu sur les cultures potagères.

MOUSSE DE TOURBE ET FUMIER DE VACHE ÂGÉ: Un mélange d'une grosse balle de mousse de tourbe et d'un ou deux sacs de 23 kilos de fumier de vache préparé se rapproche de la texture et du contenu du vrai compost. La mousse de tourbe procure l'humus et le fumier de vache apporte les nutriments. Puisque la mousse de tourbe est un peu acide par comparaison à l'humus de produits compostés, généralement neutre, ajoutez 2 à 5 kilos de chaux par balle de mousse pour l'adoucir.

LA MOUSSE DE SPHAIGNE CANADIENNE: Cette mousse de sphaigne est, par elle-même, une source utile d'humus. Elle est d'un brun riche, de texture légère, douce, fibreuse, comme une éponge. C'est un produit propre, naturel, biodégradable et organique, libre de sels nuisibles, de produits chimiques ou de semences de mauvaises herbes. On le récolte, au Canada, à partir d'énormes tourbières de mousse de sphaigne en décomposition et ces tourbières sont ensuite reconstituées soigneusement pour respecter l'écosystème du futur.

Cette mousse absorbe entre 12 et 20 fois son poids en liquide, elle est très poreuse. Elle est plus acide que le compost, son pH est d'environ 3,4 à 4,8, il faut donc y ajouter de la chaux pour la mettre autour des plantes qui préfèrent un environnement chimique plus neutre. La mousse de sphaigne constitue un excellent ajout d'humus au sol et dure plus longtemps que le compost, cependant elle n'a pas de valeur nutritive.

INDEX

A

B

C

D

U

V

Transcontinental
IMPRESSION
IMPRIMERIE GAGNÉ

IMPRIMÉ AU CANADA